신비의 책, 성서

신비의 책, 성서

THE MYSTERY OF THE BIBLE

황현숙 지음

kmc

성서를 통해
말 걸어오시는 하나님

신학 대학과 대학원의 교과 과정에는 성서 신학, 즉 구약성서와 신약성서에 대해 다양한 과목들이 들어 있다. 특별히 두 언어, 히브리어와 헬라어를 기초 과목으로 하여 구약성서와 신약성서에 대한 개론 과목들이 있고 성서 지리, 이스라엘 역사 등 연대기를 공부하는 과목들이 있다. 조금 더 높은 학년에 올라가서는 구약 신학과 신약 신학을 배우고, 더 개별적인 각각의 문헌들에 대해서는 선택 과목으로 공부하게끔 되어 있다.

구약성서 공부는 각각의 문헌들의 성립 과정이나 편집 과정들을 공부하면서 궁극적으로는 구약성서의 말씀이 무엇을 의미하는가에 초점을 맞추어 공부한다. 그래서 창세기의 창조 이야기라든가 오경 연구라든가 예언서 또는 지혜서 등을 구분해서 각각의 삶의 자리와 그에 따른 여러 해석의 가능성들을 공부한다.

신약성서에 대해서도 우리는 신약성서 문헌들의 지리와 연대기적 관심에 대해 많은 공부를 하지만 특별히 공관복음서와 요한 문헌들에서 예수의 생애 그리고 그의 메시아성에 대해 공부하고 각각의 문헌들의 차이에 대해서도 공부한다. 이어서 초기

본인의 책 『예수하기』와 『존중』이 오래전에 절판되었다. 이 두 책에서 중요한 부분들을 인용했다.

교회 공동체의 성립과 선포 그리고 그들의 신앙 고백 등에 관하여 사도행전과 바울 서신들을 통해 많이 배우게 된다. 바울 후기 문헌들을 통해서 신학생들은 초기 교회 공동체의 구성과 그 발전 과정을 보게 된다. 또한 성서는 역사의 구원과 종말에 관한 기록들을 계시록을 포함하여 많이 가지고 있다.

이 책에서는 구약성서와 신약성서에 대한 이러한 기본 과정을 전제로 하고 구약성서와 신약성서의 각각의 문헌들에 대한 기본적인 연구 결과 그다음 단계, 즉 두 정경이 그리스도교를 향해서 말하고자 하는 내용에 집중하고자 한다. 그래서 이 책은 구약성서와 신약성서를 그리스도의 구원 사건 안에서 해석하며 성서를 통해 현재 말 걸어오시는 하나님의 말씀으로 선포하고자 한다.

이 책은 구약성서와 신약성서에 대한 소개가 아니라 구약성서와 신약성서에 대한 깊은 통찰 이후에 정경으로서의 두 개의 큰 문헌을 직관으로 연결시키려는 의도로 쓰였다. 다시 말해서 과거와 현재 그리고 미래의 하나님의 역사하심을 하나의 연결된 구원 역사로 이해하려는 의도에서 출발하여 지금 정경을 읽는 독자들에게 성서가 무엇을 말하고 있는가 하는 것에 초점을 두었다.

따라서 이 책은 구약성서와 신약성서를 전승사적으로 또는 편집사 등과 같은 신학적 방법론을 통해 분석하는 단계가 아니라 근현대와 우리 세대가 이룩해 놓은 모든 성서적 방법론들을 관통하여 얻어낸 결론에서 출발한다. 그리고 그 결론을 통하여 우리 세대가 무엇을 선포해야 하며 무엇이 현실이며 실재가 되어야 하는가라는 실질적 현실을 위한 신학적 해석을 목표로 한다.

그런 의미에서 이 책의 목표는 우리의 현재의 삶의 구조 안에서 케리그마, 즉 믿는 자 한 사람 한 사람이 하나님의 구원 의지를 어떻게 선포해야 하는가라는 문제에 현실적 대안을 제시하고자 한다. 각각 다른 목소리들이 서로 다른 주제를 다룰 수도 있지만, 전혀 다른 주제들이 같은 방향을 향해 있을 수도 있다. 이 모든 서로 다른 목소리들은 정경이라는 한 묶음으로 묶여져 있다는 사실에서 우리는 그 지향점을 보게 된다.

하나님께서는 다양한 방법으로 역사하셨고 그가 선택하신 백성과 개인들을 만나시는 방법이 다양한 전승으로 보존되어 있다. 우리는 이 책을 통해서 그때그때 개인이든 민족이든 하나님께서 만나 오신 사람들의 경험 안으로 들어가서 우리 스스로가 그 경험을 체험하며 수천 년에 걸친 하나님의 구원 역사가 지금

이 시간 우리를 통해서 현재한다는 사실을 선포하고자 한다. 이것이 바로 이 책의 역할이다.

우리는 구약성서를 유대교에서 생각하는 그 자체로서 이해하지 않는다. 두 문헌의 독립성을 인정하고 그 독립성은 철저하게 보장되어야 한다. 그러나 이 두 문헌이 자주자주 시간적 차이와 신학적 대립을 보여 주는 것 같은 곳에서라도 서로가 서로를 배척하지 않으면서 공동적으로 지향하는 방향이 있다.

그런 의미에서 이 책의 과제는 이 독립성에서 하나의 방향성을 발견하는 것이다. 두 문헌의 방향성을 찾는다는 말은 다양한 신학적 물줄기가 한데 아우러지며 흘러 들어가는 바다를 찾아내는 것과 같다. 그것은 다름 아닌 영성의 바다며 그것을 찾아가는 것이 이 책의 목표다.

2021년 1월

황 현 숙

Contents

03
신약성서의 선포

04
신비의 책

05
'하나님의 형상'과 '하나님 나라' • 151

PART 1

근원적인 물음들

신학하기란 '예수하기'다. '예수하기'라는 말은
우리가 숨 쉬고 살아가는 일 자체가
예수 그리스도의 삶을 체현하는 것이라는 말이다.

1. 영적 세계의 언어

우리는 흔히 믿는 자들의 삶을 '예수 살기'라든가, '예수 닮기' 등과 같은 말로 표현하고 그렇게 살기 위해 많은 노력들을 하고 있다. 그러나 이 말들은 자칫 잘못하면 실제 의도한 것과는 달리 하나의 '이론적인 주장'이나 '운동'을 위한 공허한 표어가 되기 쉽다. 자신이 하는 말에는 자신의 삶이라는 내용이 들어가 있어야만 그 말의 정당성을 얻는다. 어떤 좋은 말도 우선적으로 자기 자신에게 적용되어야 한다. 좋은 말을 하는 사람은 그 말대로 좋게 살아야 한다.

그런데 좋은 말을 할 때 그 말에 자신은 제외시키고 남에게만 적용시키는 경우가 많다. 똑같은 말이라도 자신은 지키지 않는 말을 할 때 그것을 '이론'이라고 말한다. 물론 이 이론이라는 말은 실제가 아닌 공허하고 환상적이라는 말을 상징적으로 표현한 것이다. 언제나 말은 그 말을 하는 사람의 삶과 분리될 수 없다.

믿음은 무조건 자신의 삶에서 실천되어야 하는 살아 계신 하나님과의 관계 개념이다. 그러나 우리는 믿음을 말로만 앞세우고 실제 삶속에서는 실천하지 않는 이중적인 모습을 보일 때가 자주 있다. 믿음이 하나님과의 관계를 드러내는 말이 아니라 자기를 드러내는 수단으로 사용되어 '좋은 말, 아름다운 지혜의 말(고전 2:1)'이 되면서 십자가의 말과 대립하게 된다. 자신은 그렇게 살지 않으면서 좋은 말만 늘 입에 달고 살 때 그것을 위선이라고 한다.

신학하기란 '예수하기'다. '예수하기'라는 말은 우리가 숨 쉬고 살아가는 일 자체가 예수 그리스도의 삶을 체현(體現)하는 것이라는 말이다. '예수하기'는 주체와 객체의 합일, 즉 자신의 삶이 그리스도에 의해 지배되는 삶을 뜻한다. '우리에게 예수는 숨 쉬며 살아갈 수 있는 유일한 세계며 존재 이유'기 때문이다.

믿는다는 것은 십자가에 달린 자가 죽음을 극복하고 부활을 이루었듯이 그 부활을 자신 안에 체현하는 것이다. 부활이란 인간의 사고의 한계를 뛰어넘는 사건이다. 하나님은 인간의 언어, 즉 우리가 가진 언어 개념으로는 포착될 수 없다. 하나님께서는 우리의 한계를 넘어서 계신다. 그런 분을 믿는다는 것은 시공간 안에 있는 우리의 한계를 넘어서는 것을 의미한다. 그러나 이것을 잘못 이해하면 '믿는 자'는 다른 현실을 꿈꾸며 허구를 대상으로 하는 것으로 오해하기 쉽다. 이 말뜻은 '우리가 끝나는 그곳이 하나님의 시작'이라는 것이다.

현상 세계 이면에 있는, 즉 물존 배후에 있는 실재를 경험한다는 것은 우리가 우리 한계 안에 갇혀 있을 때는 불가능하다. 우리가 물질이라는 한계를 극복하고 물질 그 너머의 세계를 향해 우리 자신을 열 때 모든 '존재의 중심'이 되는 하나님과 만나게 된다. 여기에서 조심할 것은 우리 스스로 물질세계를 극복할 수 없다는 사실이다. 우리가 하나님을 향해 열릴 때 비로소 선물로 받게 되는 극복을 말한다. 그것은 언어로 표현될 수 없는 신비다. 왜냐하면 언어 자체가 인간의 문법이기 때문이다. 그런 의미에서 '신학하기'의 목표는 이 언어의 한계를 넘어서서 신비의 세계를 향해 자신을 여는 '존재의 중심'을 향한 방향 세우기다.

1) '하늘에 계신 우리 아버지'

대부분의 종교에서 절대적 존재를 표현할 때 하늘이라는 개념을 직접 또는 간접으로 사용한다. 그래서 하늘이라는 개념은 여러 종교에서 여러 상징성을 다양하게 가지고 있다. 그리스도교에서도 마찬가지로 하나님의 현존을 드러낼 때 '하늘에서 소리가 들린다.'라든가, 또는 '하늘로 올라간다.'라고 하는 승천의 의미에서 하늘은 중요한 개념으로 나타난다. 특별히 예수께서 가르쳐 주신 기도문도 '하늘에 계신 우리 아버지'로 시작한다. 이처럼 '하늘'이라는 개념 자체는 흔하게 사용되지만 그 내면에는 엄청난 의미를 함축하고 있다.

인간은 자신의 경험 안에서 그 경험을 언어로 표현하며 살아간다. 그러나 때론 모든 경험을 넘어서는 어떤 궁극적인 존재에 대해서 표현할 때가 있다. 종교의 시작이 자신이 경험한 세계의 저편, 그래서 보이지 않고 볼 수 없는 어떤 실재와의 연결이라는 것을 말할 때 경험에 바탕을 둔 인간의 언어로는 표현할 수 없는 부분이 있다.

인간이 살아가며 경험하는 그 경험을 넘어서는 어떤 것, 그것을 우리는 '하늘'이라고 말한다. 그러나 우리는 곧잘 '하늘'이라는 개념을 공간적인 어떤 곳으로 유추하려고 한다. 그렇기 때문에 태양이 떠 있는 공간 개념으로서의 '하늘'이라는 선입견이 우리에게 혼동되어 각인되어 있다. 물질세계의 실체인 공간으로서의 하늘 개념이 물질을 초월하는 본질적 의미의 하늘 개념과 혼동되어 이해된다.

주기도문에 나타나는 '하늘에 계신' 하나님이라는 고백은 인간의 경험으로는 말할 수 없는, 즉 공간으로서의 하늘이라는 개념을 뛰어넘는 초경험적 하나님에 대한 고백이라고 볼 수 있다. 그런 의미에서 하늘은 땅의 대립 개념이 아니다. 하늘은 땅과 같은 차원에서 땅과 다른 곳이 아니라 땅이 갖는 모든 요소를 뛰어넘어 땅을 표현하는 언어로는 포착할 수 없는 어떤 것을 말한다. 그런 의미에서 '하늘'은 땅을 초월하는 개념으로서 우리 바깥에 있는 전혀 다른 차원의 개념이다.

그렇기 때문에 하늘이라는 개념은 시간과 공간 안에 살아가는 인간으로서는 포착할 수 없는 어떤 것이다. 그렇다면 '하늘에 계신 하나님'이란 표현은 인간과 전혀 무관한 어떤 영역의 존재냐고 반문하게 된다. 인간이 '포착할 수 없다'는 말의 뜻은 인간이 마음대로 규정내릴 수 없다는 말이다. 인간과 무관한 존재가 아니라 인간에 의해 마음대로 이해되며 처리될 수 없고 인간들의 수준으로는 헤아릴 수 없는 어떤 존재라는 의미다. 이것을 쉽게 신학적으로 표현하면 '알게 하시는 자에 의해서만 알 수 있다'는 뜻이다.

우리는 '하늘에 계신 우리 아버지'라는 고백 자체가 인간이 유추할 수 있는 인격적 신을 지칭한다고 말하기도 한다. 그러나 '하늘에 계신'이라는 말 자체는 '인간으로서는 도달할 수 없는', '설명할 수 없는', 그래서 우리가 계산하며 감안할 수 없는, 전혀 다른 이질적 존재됨을 이야기한다고 볼 수 있다. 물론 이것을 인간이 알 수 없는 불가지론을 말하는 것이냐고 물을 수 있겠지만 불가지론이라든가, 무지함이라든가 하는 것은 인간이 알 수도 있지만 능력 또는 지식이 부족하여 알지 못할 때에 쓰는 말이다.

그러나 '하늘에 계신'이라는 말의 참뜻은 '모른다는 사실을 안다는 말'이다. 모르는 만큼 아는 것이라는 말은 소크라테스의 고민과 같다. 소크라테스가 만난 유식한 자들은 자신이 모른다는 사실을 모르는 데 반해 소크라테스는 '자신이 모른다는 사실을 안다.'고 말한 것과 같은 접점을 갖는다. 그래서 '가장 유식한 자는 자신이 모른다는 사실을 아는 자'라는 명제가 성립된다.

'하늘에 계신'이라는 이 기도의 도입부는 전혀 다른 하나님에 대한 '거룩성' 또는 '경외감'에서 나온 고백이다. 누군가가 '나를 안다'고 말한다면 우리는 그것이 피상적인 나에 대해서는 가능하겠지만 실제로는 불가능하다는 사실을 알게 된다. 왜냐하면 인격적 존재로서의 '나'는 '무궁무진한 인품이나 의미'로서 이해되어야 함에도 불구하고 누군가가 어떻게 '나'라는 인간의 그 무궁무진한 '존재의 의미'를 안다고 할 수 있겠는가?

우리가 흔히 다른 사람들을 안다고 말할 때 그 아는 것은 전인적 인간으로서의 '나'가 아니라 부분적인 한 단면과 같은 수준의 의미를 안다고 말하게 된다. 더구나 나를 안다는 사람이 시답잖은 인격의 소유자라면 나는 그 사람의 수준만큼만 그에게 이해된다. 만일 내가 존경하는 사람이 나를 안다고 한다면 기분이 좋을지 모르지만, 인생의 의미와 가치를 추구하는 방향이 다른 사람들이 나를 안다고 말한다면, 예를 들어 자주 길에서 스쳐 지나간 그 누군가가 나를 안다고 한다면 그와 나의 관계는 서로가 경험한 한계 안에서만 알 수밖에 없다.

그런 의미에서 '하늘에 계신'이라는 표현은 내 경험 바깥에 계신 하나님에 대한 고백으로서 인간이 포착할 수 있는 영역 안에 들어오지 않으신 하나님에 대한 고백이다. 그렇다고 해서 그 하나님은 인간과 무관한 추상적인 하나님은 아니다. 우리의 조상들, 특별히 유대인의 조상들이 경험한 하나님을 우리는 성서의 구절구절마다 담고 있다. 그러나 우리는 무한하신 하나님의 그 무한하신 구원의 세계를 모조리 다 그대로 기록했다고 볼 수 없다. 계시는 언제나 인간의 수준만큼 포착될 수 있기 때문에 시간과 공간에 제한된 경험 안에서 살아가는 인간들의 경험 안에 하나님이 모조리 다 파악될 수 있다는 이해 자체는 잘못된 것이다.

우리는 누군가를 진정 존경할 때 그에게 함부로 무엇인가를 요구하고 그를 이렇게 저렇게 판단하며 자신이 잘 알고 있는 어떤 존재로 보지 않는다. 오히려 그에 대해 평가하는 것을 두려워한다. 그것은 곧 그의 인격과 존재됨에 대한 깊이를 인정하고 그에게 범접 불가능성을 보기 때문이다. 이 범접 불가능성을 경외심이라고 할 수 있고 이러한 의미에서 우리는 하나님께 대해서도 마찬가지로 '경외심'을 갖는다. 이 '경외심'은 단순히 '안다, 이해한다, 경험한다'는 것을 뛰어넘어 그다음에 있는 신비에 대한 '존중의 의식'이다. 그런 의미에서 '하늘에 계신'은 나의 경험 안에서 내가 포착할 수는 없지만 그러나 내가 나아가야 할 방향성을 제시해 주는, 그래서 그 방향으로 나아가야 하는 '하늘'이다.

이처럼 하나님은 언제나 내 삶의 편익을 위해 호출할 수 있고 마음대로 규정하며 마음대로 이해되는 존재가 아니라는 표현으로 '하늘'이라는 개념이 사용되고 있다. 그다음에 이어지는 '우리 아버지'는 우리와 무관하지 않고 우리의 근원자이시며 우리를 '우리 자신'으로 만들어 주시는 미래로부터 오시는 하나님으로서 우리와 관계되는 그런 존재에 대한 표현이다.

신적 존재는 언제나 인간적 존재로 환원될 위험성이 있다. 그것을 우회적으로 표현하면 '우상을 만든다'라고 할 수 있다. 우리는 우상 숭배라는 것을 자신이 섬기는 존재와 다른 종교적 어떤 대상에 대한 것으로 이해하기 쉽다. 그러나 같은 신을 인간적으로 환원시키는 것에서 더 깊은 우상 숭배적 요소를 발견하게 된다. 그렇기 때문에 인간적 차원의 존재로서 신을 우상화하는 것은 종교 일반이 가지고 있는 위험 요소다. 우리가 흔히 말하는 무신론이란 신을 믿지 않는 것이 아니라 신 자체로서 신을 보지 않는 것을 말한다. 인간에게는 누구나 신을 대체하는 그 어떤 것이 있다. 그중에서 가장 위험한 것은 같은 신의 이름으로 자신이 믿는다고 착각하는 그 신을 소유물로 대상화시키는 것이다.

이와 같이 우리는 이미 '하늘에 계신 우리 아버지'라고 고백할 때 우리의 하나님을 더 이상 과학적으로 분석 가능하고 지성으로 포착할 수 있으며 눈에 보이는 세계의 그 어떤 대상으로 보지 않는다는 선언이다. 그렇기 때문에 우리는 '하늘'이라는 언어의 두 가지 차원, 즉 과학의 대상으로서의 물리적 차원과 물리 그 너머, 쉽게 말해서 의미의 차원, 철학적 용어로서는 본질의 차원을 구별해야 한다.

이 말은 언어의 두 차원, 즉 직접성(외형의 언어)과 간접성(내면의 언어)이라고도 말할 수 있다. 그래서 예수께서 요한복음 4장 사마리아 여인과 대화할 때 생수라는 개념을 물리적 차원으로 이해하는 사마리아 여인의 사고의 틀을 깨며 생수가 상징하는 언어의 내적 지향성, 즉 간접성을 보여 주고 있다. 이처럼 우리는 어떤 언어가 지향하는 그 지향점을 이해해야만 그 언어를 제대로 이해하게 된다.

그렇기 때문에 성서 해석은 이 두 차원의 언어의 특징을 살려 내는 것이다. 성서 이해란 물존적 사고에 국한되지 않고 물질적 언어의 한계를 넘어 그다음을 향해 서는 것, 그것을 영적 언어, 즉 언어의 영적 이해라고 말한다. 영성이란 물존적 존재로서의 인간의 사고를 넘어서는 하나님과의 관계 안에서 이루어지는 '하늘'을 향한 열림을 말한다.

2) 경험된 만큼의 이해

우리가 하는 모든 말들은 우리가 말하고자 하는 모든 내용을 표현하지 못한다. 많은 문헌이나 글들은 그 글을 쓴 저자의 의도와 다르게 해석되기도 하고 그 다름이 다양하게 변형되어 원래의 의미와는 전혀 다른 내용으로 이해되는 경우가 많다. 언어는 발설된 후에 듣는 사람이나 읽는 사람들의 주관적 판단에 따라 다르게 해석되며 이해되기도 한다. 그래서 글을 읽는 자들은 자신들이 읽는 문헌들에서 저자가 의도하지 않은 전혀 다른 영감을 얻을 수도 있다.

이러한 일들이 일어나는 이유는 표현되어 있는 모든 언어들은 그것을 표현한 사람의 의도를 모두 담아내지는 못한다는 사실에 있다. 그래서 이러한 문제는 언어가 '외형의 언어'와 '내면의 언어'로 구분되어야 한다는 사실을 말해 준다. 표현되어 있는 언어는 '외형의 언어'며 이 '외형의 언어' 배후에는 언어로 담을 수 없고 다 발설되지 못한 의미와 가치가 숨겨져 있다. 그것을 우리는 바로 '외형 속에 포함되어 있는 내면의 언어'라고 말한다.

대부분 우리는 어떤 문헌을 해석할 때 이 '내면의 언어'를 놓쳐버리거나 무시하는 경우가 많다. 이 내면의 언어를 찾아야 한다는 말은 세상을 물리적으로, 보이는 그 자체로 이해하지 말라는 말과 같다. 눈앞에 보이는 사물과 눈앞에서 일어나는 사건들을 우리는 단순하게 보이는 대로, 즉 외형으로, 사물 또는 사건 자체로 이해해서는 안 된다는 말이다.

해석은 이해되지 않는 말을 이해될 수 있게 만드는 것이라는 일차적 목표 외에 외형의 언어 안에 숨겨져 있는 내면의 의미를 찾는 것이다. 무엇을 표현하기 위해 '말을 한다'는 것은 단순히 언어라는 외형적 형태로 옮겨 놓는다는 뜻이 아니다. 표현한다는 말은 정신의 내적 의미를 외부로 향해 외형적 형태, 즉 언어의 형식을 빌린다는 뜻이며 해석함은 그 외형적인 언어가 품고 있는 내재적 의미의 모든 것을 밝혀내는 것이다. 그런 의미에서 어떤 말을 해석한다는 것은 표현된 외형적인 말에서 내부의 의미를 밝혀내는 것이다.

내적 언어라는 말 자체는 우리가 지금 보고 있는 언어, 즉 의미를 담는 형시적 틀로서의 언어를 그 자체로서 이해해서는 안 되고 그것이 함축하고 있는 모든 것과 함께 이해해야 한다는 것을 말한다. 이처럼 언어는 한계가 있고 해석학은 이러한 언어의 한계를 드러내며 그 한계 바깥의 세상을 보여 주는 것이다.

철학에서는 이 부분을 '지성'과 '직관'으로 구분한다. '지성'은 분석하고 수집하고 연구하는 자세로 대상을 분석한다. 이러한 자세를 갖는 것이 바로 학문의 기초 작업이다. 그러나 내면의 의미와 가치는 분석하고 연구함으로 얻어질 수 있는 소재가 아니다. 물론 어느 정도의 깊이까지는 내적 의미를 파악할 수 있겠지만 내면의 의미와 가치는 오히려 해석하려는 그 대상과 하나가 될 때 파악될 수 있다. 그것을 철학은 직관이라고 말하며 내면의 의미는 직관으로만 체험될 수 있다고 본다. 직관은 대상과의 합

일을 의미한다. 그것과 하나가 될 때 겨우 알게 되는 것이며 이것을 주체와 객체의 합일이라고 부른다.

언어의 이러한 특성을 고려하면서 어떤 말을 해석하려면 표현된 외형적인 말에서 내면의 의미로 다가가야 한다. 성서는 일반적인 문헌과 다르다. 일반적인 문헌들은 읽고 싶은 대로 읽을 수 있다. 교과서에 실린 글을 작가 자신이 시험을 보면 전혀 풀지 못한다는 말이 있다. 작가가 쓴 글을 독자들은 마음대로 위로받고 자기 마음대로 해석할 수도 있다.

그러나 성서는 하나님의 말씀이다. 성서가 하나님의 말씀이라는 독특성 때문에 하나님의 말씀인 성서를 마음대로 해석할 수 없다는 전제를 갖는다. 성서가 하나님의 말씀이라는 전제 자체는 성서는 오로지 하나님께서 말씀하시고자 하는 그 의도대로만 이해되고 선포되어야 한다는 사실을 말한다. 그런 의미에서 성서 해석자로서의 목회자는 반드시 성서를 통해서 말씀하시고자 하시는 하나님의 뜻과 성서의 언어 속에 숨겨져 있는 의미와 내용까지 파악하여 전하는 자라는 정체성을 가진다. 그래서 목회자, 즉 말씀을 선포하는 자는 자신의 뜻과 의도를 전하는 자가 아니라 하나님의 의지를 전달하는 예언자며 그런 역할을 감당할 때 비로소 그는 하나님의 대언자가 된다.

그런 의미에서 목회자는 하나님의 말씀과 그 말씀이 품고 있는 언어라는 한계 바깥, 즉 의미의 세계를 연결시켜 주는 자다. 그렇게 하기 위해서 설교자는 정신적으로 풍부한 내용이 압축된 텍스트에서 글자 하나하나 사이에 숨겨져 있는 행간의 의미를 읽어내야 한다. 그리고 활자화되어 있는 언어 속에 숨겨져 있는 의미를 찾아내어 성서의 원저자들이 하나님과의 경험에서 이해했고 또 이해하려고 했던 그것, 즉 성서 원저자들이 원래 전달하고자 하는 의미와 의도를 파악하고 동시에 그 의도와 합일하는 해석을 이끌어 내야 한다.

궁극적으로 성서 해석은 해석하는 자가 해석하려는 내용과 하나가 되어 가는 과정이다. 성서 본문은 분석되고 연구되길 원하는 지성의 대상으로서의 역할을 목표로 하지 않는다. 하나님의 말씀으로서의 성서는 선포되길 원하며 그것을 듣는 자들이 그 말씀과 하나가 되길 원한다. 그래서 성서의 말씀들은 그렇게 살지 않으면 하나도 이해될 수 없는 신비의 언어다. 하나님의 의지를 드러내는 성서는 우리에게 신비의 문을 열어 주며 언어가 가진 형식적 의미뿐 아니라 그 언어의 내적 의미, 즉 내적 언어와의 합일로 우리를 이끌어 간다.

2. 본질의 은폐성

1) 신비와 경외

인간은 언어로 생각하며 언어로 표현되는 것 그 이상을 생각하기 힘들다. 다시 말하면 인간은 언어 이상을 생각할 수 없고 그 언어에 지배되어 언어만큼 생각한다. 그러나 삶이란 인간이 구사하는 언어 속에 축약될 수 있을 만큼 단순하지 않다. 인간의 삶이 언어로 모두 표현될 수는 없다. 인간이 사용하는 언어가 말할 수 있는 것은 눈에 보이고 또 포착 가능한 물량의 세계, 즉 물존적인 개념어들이다. 이 물량의 세계에서 사용되는 언어가 포착되지 않는 어떤 세계를 표현하기는 어렵다.

그러나 인간들은 눈에 보이는 포착 가능한 세상 너머를 보며 물질적 세계 배후에 연결된 더 큰 세계가 있다고 보고 그 세계를 찾으려는 노력을 끊임없이 해왔다. 그래서 철학이 발달하고 종교가 발생하고 모든 인문학적 사유들이 이러한 여러 다양한 본질에 대한 사유를 지속하고 있다.

우리의 삶은 언제나 사건들의 연속으로 이루어진다. 그러나 지금 눈앞에서 일어나는 사건들의 의미가 다 밝혀지는 것은 아니다. 그래서 우리는 지금 일어나는 사건들 배후에 전혀 다른 세계가 관여하고 있다는 것, 즉 모든 사건들이 이유 없이 우연히 일어나는 것이 아니라 그 사건 배후, 그 너머에 인과를 조절하는 그 무엇인가에 대한 믿음, 눈앞에서 보이는 모든 것들은 보이지 않고 포착 불가능한 그 무엇에 근원을 두고 있다는 것을 믿는다. 이것을 쉽게 표현하면 물질적 세계 안에 숨겨져 있기 때문에 눈에 보이는 현상으로만 설명될 수 없는 본질의 세계가 있다는 것이다.[1]

인간에 대한 이해도 마찬가지다. 세상에는 인간에 대한 이해가 여러 방향에서 진행되고 있고 모든 인간은 그 이해의 도움을 받아서 자기 자신을 이해한다. 이것을 인간의 '자기 정체성 이해'라고 말한다. 인간이 자신의 정체성을 어떻게 이해하느냐에 따라 자신의 삶의 방향이 정해진다.

기본적으로 인간의 삶이란 반복, 즉 과거에 습득한 것을 반복

1 성숙이라는 개념은 두 가지 방향으로 해석할 수 있다. 눈에 보이는 현상의 세계에 대한 이해의 확장이 있는 반면에 또 다른 방향에서는 눈에 보이는 것 그 너머에 있는 의미의 세계를 이해하는 것을 말한다.

하는 것으로 시작한다. 여기에서 반복이란 옛 사람들이 지금껏 그렇게 살아왔기 때문에 그 이후 세대도 그렇게 살고 또한 그렇게 살아가게 되는 방법 및 세계관을 말한다. 성서는 이것을 '세상의 지혜'라고 말한다. 성서가 '세상의 지혜'라고 말할 때 그 말 자체는 세상의 지혜와 다른 무엇인가가 있다는 것을 의미한다. 그것을 우리는 '하나님의 지혜'라고 말하며 이 둘은 전혀 다른 대립 개념이라는 사실을 알 수 있다.

세상의 지혜는 일상성의 지혜다. 그런데 이 일상성의 지혜의 반복 속에서는 인간의 원래성, 즉 근원적 본질이 드러나지 않고 은폐되어 있다. 왜냐하면 일상성의 반복은 대부분의 일상인들이 추구하고 있는 물질적 풍요로움, 사회적인 지위나 권력, 개인적인 건강 및 안락함의 추구를 목표로 하기 때문이다. 이러한 삶은 주어져 있는 현실일 뿐 우리 존재의 근원이나 존재 이유에 대한 해답은 아니다. 그래서 그것을 물질적인 추구와 그 추구로 인한 자기 자신의 물질화, 즉 육체성의 강조, '물질로 존재됨, 즉 물존(物存)'이라고 표현한다.

그러나 진정한 우리 존재의 근원이나 존재 이유는 물질적인 개념어로 다다를 수 있는 것이 아니다. 또한 인간은 그러한 존재로 규정할 수도 없다. 진정한 인간 본질은 겉모습으로 다 드러나지 않기 때문이다. 그렇기 때문에 인간 존재는 깊은 통찰과 사색 또는 사유를 통해서만 이해될 수 있다. 우리가 더 나은 삶을 기대하며 미래에 대한 희망을 말하지만 대부분 그것은 지금 살고 있는 모습의 '양적인 확대'나 '수평적 확장'의 의미로 이해하곤 한다. 이런 삶은 오히려 삶 자체의 의미와 가치, 인간존재의 이유와 목표에 깊이 다다를 수 없다.

세상 속에서 세상이 제시하는 기준에 따라 물질적인 삶을 추구하는 인간을 또한 '평균인'이라고도 한다. 이렇게 평균화된 존재는 전통이나 습관 같은 사회의 욕구에 충족되는 삶을 사는 자로서 사회적 요구대로 자신의 삶의 방향을 정하기 때문에 진정한 의미에서의 인간이 삶에서 추구해야 하는 목표가 아니다. 목표를 잘못 설정한 삶은 목표와 수단이 바뀌고 우리 스스로가 삶의 수단이 되는 '세상의 지혜'의 사회 구조에 묶이게 된다.

인간의 본질과 그 품격은 언어로 다 표현될 수 없다. 표현될 수 없는 본질은 언제나 숨겨져 있다. 세상에 속한 일상인의 시각으로는 본질을 파악할 수 없기 때문에 본질에 대한 추구는 엄청난 노력을 필요로 한다. 신앙생활이란 바로 이 본질을 말해 주시는 하나님의 뜻이 무엇인가를 찾고 그 뜻에 순종하는 것이다. 구약성서와 신약성서는 이렇게 언어로 담길 수 없는 하나님의 세계에 대한 이야기다.

2) 분석의 한계

우리는 모두 지금의 자신보다 더 좋은 인간이 되고 싶어 하며, 지금의 세상보다 더 좋은 세상을 만들고 싶어 한다. 또한 지금 하는 일보다 더 좋은 일들을 하고 싶어 한다. 우리 중 어느 누구도 지금 내 모습이 완벽하며 잘하고 있다고 생각하지 않는다. 마찬가지로 지금의 세상이 완벽한 세상이라고 생각하지도 않는다. 우리는 늘 우리 스스로가 생각하는 기대에 미치지 못하기 때문에 더 나은 우리가 되기를 원한다. 그래서 더 나은 세상을 위해 목소리를 높이고 온갖 방법론과 처방을 내놓고 있다. 그러나 나는 나대로, 세상은 세상대로 더 시끄럽고 더 어지럽게 되어 가고만 있다.

더 나은 우리가 되기 위해, 더 나은 세상을 만들기 위해 여러 해결책이 나오고 하루걸러 하나씩 여러 이론들이 생겨나고 있다. 세상은 끊임없이 좋은 이론과 해결책을 생산해내지만 세상과 우리는 전혀 달라지지 않고 있다. 우리 시대는 이론과 정보가 넘쳐나고 있다. 그러나 색다르다고 등장하는 이론들은 대부분 다른 언어를 입고 나온 같은 말들인 경우가 많다. 좋은 말들과 이론들은 유사 이래 언제나 있어 왔다. 우리는 지금 이론 부족이나 정보 부족 때문에 문제가 있다고 보지 않는다.

지난 세기들과 비교하여 만일 달라지고 있는 것이 있다면 그것은 과학(여기에서 과학이라 함은 인간이 발전시킬 수 있는 모든 학문적, 분석적 성과들을 포괄적으로 표현한 것이다)이며, 세상이 발전되고 있다고 느끼지는 것은 과학의 발전 때문이다. 과학에 힘입어 우리는 우리 자신과 세상이 달라지고 있다고 생각한다.

그러나 과학의 발전이 인간의 발전이라고 생각하는 것은 착각일 뿐이다. 인간과 과학은 가는 방향이 서로 다르다. 설령 인간과 과학이 추구하는 방향이 같거나 같은 방향으로 가는 것처럼 보일지라도 도달하는 목표는 서로 다르다. 왜냐하면 과학은 과학 그 자체의 방향을 향해 발전해 가고 있고 인간은 인간 나름의 길이 있기 때문이다.

과학과 인간의 목표가 다르다는 말은 과학의 발전이 곧 인간성의 발전으로 이어지지 않는다는 말이다. 세상이 아무리 풍요로워지고 살기가 편리해졌다 할지라도 인간의 인격이라든가 정신성은 전혀 다른 내용을 가진다. 어쩌면 과학이 힘을 가지면 가질수록, 그것이 인간의 삶을 지배하면 하는 만큼 인간은 왜소해질 수밖에 없다. 그런 의미에서 과학자들의 고민과 신학자들의 고민은 다를 수밖에 없다. 물질이라는 테두리 안에서 벌어지는 과학과 물질 바깥을 이야기하는 신학은 인간 자체, 인간의 정신성에 관한 문제기 때문이다.

현대에 와서 인간 자체에 대한 고민, 인간성에 대한 고민이 어느 때보다 더 절실하지만 우리는 자주 인간의 문제들을 인간 주변의 문제들로 착각한다. 인간이 인간 단독으로 존재할 수 없기에 인간의 문제는 인간을 둘러싸고 있는 문제와 동시적으로 다루어야 한다. 그러나 인간 자체에 대한 깊은 통찰 없이 주변부만 문제시한다고 해서 인간의 문제가 해결되지는 않는다. 아무리 사회 정의를 세우기 위해 노력해도 인간이 변하지 않으면 사회 정의는 이론적인 허망한 구호에 불과하다. 왜냐하면 인간 자체에 관한 문제가 깊이 고려되지 않고 인간 주변의 문제만을 다룬다면 주제를 버리고 부제에 관심을 두는 것과 같기 때문이다.

성서는 가장 깊이 인간의 문제를 말하고 있다. 성서가 하나님에 대해 말하고 있지만 실상은 크고 넓은 함축적 의미에서 인간과 인간의 품격 그리고 생명에 관한 이야기다. 성서는 인간과 인간성의 문제를 중심으로 하나님의 작품으로서의 인간이 '어떻게 하면 하나님께서 만드시고 그렇게 살도록 원하시는 그 뜻대로 살아갈 수 있는가' 하는 문제에 관심을 두고 있다. 이제부터 이 문제에 대해서 집중적으로 알아보고자 한다.

PART 2
구약성서의 전승

신학의 본질은 하나님의 창조와 구원
그리고 그 다스림이다. 결국 삶의 본질이란
하나님의 뜻을 찾아 함께 동행하는 것이다.

1. 창조와 역사의식

구약성서는 이스라엘 민족과 하나님의 만남을 다양하게 기술해 놓은 문헌이다. 구약성서는 하나님과의 만남을 통해, 즉 과거 유대인 조상들에게 일어났던 만남의 실존을 하나님에 대한 유일성과 배타성에 대한 헌신으로 기술해냈다. 다시 말해서 한 민족 공동체가 하나님께 헌신한 이야기다. 물론 이들의 실족과 자주 잊혀지는 유일하신 하나님에 대한 약속과 명령에도 불구하고 끝까지 민족의 하나님을 놓치지 않으려는 세대 간의 연결의 역사의식이 구약성서에는 독특하게 서술되어 있다.

하나님의 역사 자체는 우주, 즉 자연과 하나님, 민족과 하나님 그리고 개별 존재자로서의 개인과 하나님의 관계로 구분해 볼 수 있다. 그러나 분명한 것은 우주와 하나님의 관계는 다른 영역 같지만 같은 영역에 내포된다는 사실이다. 구약성서는 우주와 자연과 하나님의 관계를 따로 떼어내어 설명하지 않는다. 구약성서는 우주적 차원의 이야기를 언제나 인간과 함께 이야기하며 더 나아가서 인간이 우주를 대표한다는 의미에서 자연과 우주의 관계는 인간과의 관계로 함축되어 있다.

이러한 사고의 흐름이 신약성서 내에서도 계속된다. 특별히 바울은 인간을 모든 우주 창조의 대표로 내세우고 있다(로마서 8장 참조). 대부분 잘못된 역사의식 때문에 자기중심적 사고의 유산으로부터 기인하여 인간이 자연을 지배해야 한다는 지배 의식 또는 인간 중심주의가 자주 드러나는 것을 볼 수 있다. 그러나 창조 자체의 신학적 의미는 창조의 피라미드 도식을 만들어 그

최상위 단계에 인간을 두고 인간의 필요에 의해 인간이 자연을 지배 관리 감독한다는 것이 아니다. 하나님의 창조 자체는 돌봄과 배려 그리고 연민과 보호라는 차원에서 약한 것들과 강한 것들의 상호 배려와 상호 조화로 이해되어야 한다.

인간 창조 자체가 하나님의 사랑에 기인한 것처럼 우주의 창조 역시 인간과 마찬가지로 사랑과 보존, 보호의 차원에서 이해해야 하기 때문에 무엇이 무엇을 지배한다는 말은 잘못된 것이다. 지배라는 단어를 글자 그대로 힘의 남용으로 이해해서는 안 된다. 오히려 지배는 질서의 보존을 위한 배려 개념에서 이해되어야 한다. 하나님의 배려와 간섭은 우주 전체에 해당되며 피조세계 전체에 언제나 우주의 보존으로 실천되어야 함을 보여 주고 있다.

따라서 창조는 '하늘의 것이 땅에' 실현되는 것이다. 이런 의미에서 이스라엘의 역사, 인간 세상의 역사 그리고 개인의 역사가 존재 이유를 갖게 되고 해명된다. 결국 구원은 그 목표점이 창조의 보존과 완성에서 이루어진다. 그래서 하나님의 창조와 보존이 인간과 우주의 역사의 근거가 되며 창조 신앙은 곧 구원 신앙이 된다. 지으신 자가 다스리며 다스리는 자가 구원자임이 선포된다. 다스림의 실현, 그것이 곧 신약성서에서 예수 그리스도를 통한 하나님 나라 실현으로 구체화된다.

1) 창조를 통한 열림

성서는 유한한 인간 존재가 무한한 하나님의 호출에 응답하며 유한함 속에 갇혀 있는 세상의 문을 무한을 향해 열어 놓은 책이다. 그런 의미에서 구약성서를 한 민족이 생존을 위해 고군분투한 전쟁과 투쟁의 역사를 기록해 놓은 책으로만 국한해서는 안 된다. 한 민족의 성립과 발전 과정에서 한 민족과 그 민족이 관련된 여타 다른 민족과의 관계 안에서 역사의 주인이신 하나님과의 만남, 존중, 배려하심, 간섭에 관한 증언이다.

구약성서는 하나님께서 이스라엘을 존중하신 존중의 역사 기록이다. 그런 의미에서 구약성서는 인간 존중, 생명 존중의 책이며 은혜의 보고, 희망의 보고다. 우리가 구약성서를 통해서 만나는 내용은 세상에서 하나님의 뜻이 어떻게 실현되어야 하는가를 통해 선택된 공동체가 경험하는 은혜와 존중 그리고 희망을 보여 준다. 하나님과 선택된 백성과의 유대감과 존중은 구약성서 전체를 꿰뚫고 신약성서에까지 이어져 왔다. 구약성서와 신약성서를 잇는 가장 중요한 흐름이 바로 존중이라는 개념이며 이 개념은 바로 신약성서에서 '하나님 나라' 개념으로 이어진다.

이처럼 이스라엘은 하나님의 구원 역사를 창조 이해와 결부시켜서 이해한다. 인간은 하나님께서 만드신 세상의 중심이며 세계 창조의 절정이며 세상을 대표한다. 세계 창조에서 중요한 요소는 그리스적 사유, 즉 그리스의 자연 철학에서 말하는 것과 같은 우주의 원리가 아니다. 구약성서가 말하는 창조는 물질적 재료로 세상이 만들어졌다고 생각하는 그리스적 사고와 다르다.

마찬가지로 신적 존재가 물질적 재료를 가지고 세상을 만들었다는 이방 세계의 창조 이해와도 다르다. 구약성서에서 창조 이야기는 흔히 다른 창조 신화들에서 나타나는 신적 존재의 자기 희생이라든가 유출설 같은 것은 보이지 않는다. 구약성서에서 창조는 하나님의 창조 의지에 따라 말씀대로 창조되었다. 세상은 하나님의 의지의 표명으로 창조되었다. 하나님께서는 유일하게 말씀으로 세상을 존재함으로 부르셨으며 하나님과 그의 작품 사이의 유일한 연결성은 말씀이다.

인간의 창조는 하나님과 직접적인 관계 안에서 이루어진다. 다른 창조물들과 달리 하나님께서는 "우리의 형상을 따라 우리의 모양대로 우리가 사람을 만들고…… 하나님이 자기 형상 곧 하나님의 형상대로 사람을 창조하시되……(창 1:26~27)."라고 말씀하고 계신다. 다른 피조물들과 달리 하나님께서는 자신의 특별한 작품에 대해서는 하늘 세계에서 그 모형을 취하신다. '하나님의 형상'이라는 이 주제가 말하고자 하는 초점은 인간은 자신의 존재 방향을 하늘을 향해야 한다는 강한 방향성을 제시해 주는 것이다.

다시 말하면 '하나님의 형상'으로 창조되었다는 말은 인간의 속성이라든가 인간의 형태를 표현하는 말이 아니다. '하나님의 형상'이란 인간의 본질, 즉 되어야 할 목표다. 이 말을 우리는 자주 혼동하여 형상이라는 표현 자체를 형식적 틀이라든가, 모양, 꼴 등과 같이 외형적인 외모나 형식으로 이해한다. 그렇게 이해함으로 인해 그 반대 상황으로 하나님의 형상을 인간적으로 유추해 볼 수 있다는 상호 교류의 오류를 범하기도 한다.

그러나 이 말씀은 '하나님의 창조' 자체가 인간 존재를 존중하고 있다는 사실, 그래서 존중의 극치라는 사실을 보여 주고 있다. 인간은 지상에서의 다른 존재들과는 차원이 다른 존재라는 말이다. 즉 인간은 하늘의 존재로 고양되어야 한다는 당위성과 동시에 인간 존재됨의 의무를 말해 주고 있다. 이 말씀을 유대인과 극한의 대치 상태에 계신 예수께서 다시 한 번 환기시키고 계신다. “예수께서 이르시되 너희 율법에 기록된 바 내가 너희를 신이라 하였노라 하지 아니하였느냐 성경은 폐하지 못하나니 하나님의 말씀을 받은 사람들을 신이라 하셨거든(요 10:34~35).”

이처럼 인간은 세상의 여타 다른 것들과는 비교가 되지 않는 존재로 창조되었다. 인간은 육체적 존재 이상이다. 물론 인간의 외형적 모습은 시간과 공간이라는 한계 안에 종속된 물질적 존재임에 틀림없다. 그러나 인간은 물질 자체로만 설명될 수 있는 존재가 아니다. 우리를 잘 먹이고 잘 입히고 잘 돌보아야 한다는 생각 때문에 지나치게 한쪽으로 치우쳐 자주 우리 자신을 육체적 존재로 여기거나 스스로 물품 취급을 하는 경우가 있다. 우리 자신들도 모르는 사이에 우리 자신을 상품화하고 우리 자신을 물건 덩어리처럼 육체성 안에서만 이해한다.

그 결과 현시대의 인간은 나를 잘 치장하고 잘 꾸미는 외형의 포장을 위해 몰두한다. 또한 좋은 학벌, 부유한 조건, 많은 자격증, 뛰어난 스펙을 쌓아서 사람들의 감탄을 받으며 잘 팔려나가게 하고 있다. 우리도 모르게 우리의 목표가 백화점의 명품과 같이 잘 팔리는 상품처럼 되어 버린 것이다. 더 나은 인간을 꿈꿨지만 우리는 인간이 아닌 물품이 되어 스스로 인간이기를 멈추고 세상이 요구하는 값비싼 상품처럼 하향 조정되고 말았다. 그러나 인간에게는 오직 인간 자체가 목표다.

인간은 자신을 만드신 하나님을 향해 있는 존재며 창조주 하나님께서 만드신 뜻을 자신의 삶 속에서 체현시키며 그분을 향해 나아가는 존재다. 그 이외의 것들은 오히려 우리가 ‘하나님의 형상’으로서의 인간을 지향해 가는 데 걸림돌이 되는 경우가 있다. 그래서 사도 바울은 그리스도를 얻기 위해서 내가 여태 가지고 으스대며 자랑하고 의지하던 세상의 모든 것들을 배설물로 여기고 버렸다고 말한다(빌 3:8).

'하나님 나라'를 현실에서 실제가 되게 하는 것, 그것은 성스러움을 이 땅에서 실현시키는 것이다. 그것이 바로 하나님의 형상대로 창조된 인간의 목표며 인간의 본질이다. 이처럼 성서의 말씀은 인간을 하나님의 뜻에 합당한 인간으로, 자신이 만드신 그 목적에 맞는 인간으로 불러 세우는 호출이다. 목회자는 이 '선포'의 역할을 담당한 자다.

2) 한계 설정

천지를 창조하시고 인간을 자신의 형상으로 만드신 하나님께서 모든 것을 허락하신 후 유일하게 한 가지만을 금하신다는 이야기는 우리에게 무궁무진한 상상력을 자극한다. 그러나 그 유일한 한 가지를 범하는 인간이 곧바로 등장한다. 이 이야기의 초점은 금지된 '나무'에 있지 않고 '하지 말라'는 명령에 있다. 이 금지된 명령은 다름 아닌 인간의 한계에 대한 이야기다.

모든 것이 허락된 인간에게 한계를 설정해 주시는 유일한 주인이신 창조주가 계시다는 선언이다. 이것은 인간 역사에서 가장 중요한 문제가 된다. 왜냐하면 역사상 인류의 모든 불행은 이 한계를 넘어서면서 생겨난 일들이기 때문이다. 그렇기 때문에 이 한계 설정은 곧바로 끝 간 데 없이 치닫는 바벨탑의 욕망으로 이어지고 이후 역사에서 지속적으로 엄청난 불행을 야기한다.

이 이야기는 인간은 스스로든 타의에 의해서든 '할 수 있는 것을 다 할 수 있는 존재가 아니다.'라고 선포한다. 모든 것이 가능한 세상이지만 가능하다고 해서 모든 것을 다 할 수 있는 것이 아니다. '해서는 안 되는 것'이 명령되어 있다는 사실은 현대인들에게 주는 굉장히 중요한 윤리의 시금석이다.

이미 오래전부터 현대인들은 '돈으로 안 되는 것이 없다. 힘으로 안 되는 것이 없다.'고 말해 왔다. 해서는 '안 되는 것'이 '되는 사회'는 저급한 사회며 인간을 모욕하는 사회다. 더 나아가서 자조적으로 '되는 것도 없고 안 되는 것도 없다.'로 이어지며 '정의는 힘을 가진 자의 것이다.'라고 말하기에 이른다.

그러나 성서는 '해서는 안 되는 것이 있다.'고 선언한다. 이 선언은 예수의 시험 사화에서도 고스란히 드러나고 사도 바울 신학의 핵심을 이루는 신학적 주제가 된다. 그래서 바울은 고린도전서 6장 12절과 10장 23절에서 "모든 것이 가하나 모든 것이 유익한 것은 아니다."라는 대전제를 선포한다. 성서는 '할 수 있지만' '해서는 안 되는 것'에 관해 지속적으로 말해 오고 있다.

이러한 한계 의식의 상실에서 오는 사건들이 창세기의 창조 이후 들불처럼 일어난다. 인간을 만드신 후 하나님께서는 "네가 어디 있느냐(창 3:9)."고 인간을 부르신다. 그러나 인간은 핑계만 쭉 늘어놓고 그 부르심 앞에서 피해 나갈 궁리만 하는 모습이 적나라하게 묘사되어 있다. 그때의 그 인간이 지금의 인간, 즉 '우리이며 동시에 나'라는 사실은 결국 과거의 사건이 현재화되어 우리를 하나님 앞에 불러 세운다.

인간은 언제나 하나님의 명령을 범하고 싶은 유혹에 노출되어 있다. 우리 앞에는 언제나 어떤 형태로든 유혹이 기다리고 있다. 힘이 있거나 돈이 있거나 권력이 있으면 이러한 유혹에 빠질 가능성이 더욱 더 커진다. 배가 고파서 훔치는 도둑보다도 쌓아

놓기 위해 훔치는 도둑이 더 많다는 사실은 더 발전된 시대에 더 잘살고 있는 우리에게 이러한 유혹의 가능성이 그만큼 많다는 것을 보여 준다.

인간이 하나님께서 세우신 그 한계를 허문 후에 또다시 하나님께서 세우신 한계를 허무는 사건이 일어난다. "네가 어디 있느냐."라며 아담을 부르신 부름 이후 곧바로 다음 사건, 형제에게 있어서는 안 되는 일이 일어난다. "네 아우 아벨이 어디 있느냐(창 4:9)."는 하나님의 부르심 앞에서 인간은 "내가 내 아우를 지키는 자니이까."로 맞서며 대응한다. 이 이야기는 인간은 하나님 앞에서 자신이 어떤 존재인가를 알아야 하며 동시에 자신의 형제가 어디에 있는가에 대한 책임이 있다는 사실을 말해 준다. 그러나 인간은 그 책임을 질 생각을 절대 하지 않는다.

구약성서의 가장 앞부분을 차지하며 우리에게 엄청난 신학적 성찰을 요구하는 이 이야기들은 지금도 살아서 우리를 지배해 오고 있다. 그 부르심은 하나님 앞에서 우리 자신과 이웃, 특별히 약한 이웃을 책임져야 한다는 당위성 앞에 우리를 불러 세운다. 이것이 바로 만드신 자가 만들어진 자에게 요구하는 책임성이다.

2. 선택을 통한 책임

이스라엘 민족을 선택하신 하나님의 선택은 언제나 책임에 대한 요청이다. 하나님 앞에서 우리는 자기 자신과 자신이 행한 모든 것, 다시 말해서 살아온 것에 대해 책임을 져야 하는 존재다. 그때나 지금이나 언제나 살아서 역사하시며 '네가 어디 있느냐? 네가 무엇 하느냐?' 하고 우리를 부르시는 하나님 앞에 우리 믿는 자들은 서 있다.

그러나 우리는 선택을 특권으로 자주 오해한다. 선택된 민족의식이라든가 구원의 특권이라든가 하는 것이 하나의 이념, 이데올로기로 변해 지금 당장 우리가 실천해야 할 명령으로 보지 않고 가장 중요한 현실화를 놓쳐 버렸다. 즉 하나님의 선택은 현실적 실재의 시작이라는 사실, 그래서 선택받은 자는 선택하신 자의 의도를 실천해야 한다는 당위성을 잃어버리는 경우가 생겨났다.

선택이라는 개념 자체는 시작이라는 내용을 담고 있다. '선택'은 언제나 일의 시작점이다. 무엇인가를 실현시키기 위해서는 무엇인가를 선택하고 그 선택을 통해서 시작해야 한다. 그렇기 때문에 선택은 실재적 현실을 가동시키는 동기화, 즉 이론이 아닌 사건화를 의미한다. 쉽게 이해하면 하나님의 선택은 현실 관계의 시작이라는 의미다. 더 나아가서 선택은 곧바로 관계 맺음을 의미하며 하나님의 선택은 곧 선택받은 자와 관계를 맺는다는 뜻이며 동시에 그것은 곧 '하나님의 다스림'과 이어진다. 하나님과 선택받은 민족과의 관계 안에 존재하는 현실적 효용성은 바로 '책임적 관계 개념'으로 이어진다. 그런 의미에서 하나님은 현실의 하나님이시며 이스라엘의 선택은 곧 책임을 명령하시는 하나님의 간섭을 의미한다.

그러나 이러한 책임성의 관계 및 유대와 신뢰가 위기에 봉착하게 된다. 그럴 때마다 당면한 현실 가운데 예언자들이 등장한다. 속박의 고통에 대해 해방을 선언하고 주변 신들의 유혹으로부터 되돌아 설 것을 명령하고 다양한 문제들에 상응하는 하나님의 뜻의 전달자로서 예언자들이 등장한다. 그들과 더불어 주변의 정신세계와 함께 다양하게 변해 가는 현실을 해석하려는 고민들이 나타나게 된다. 따라서 구약성서는 민족 공동체의 선택을 통한 약속, 해방과 용서, 심판과 자비 그리고 창조와 보존을 통한 종말에 이르기까지 과거와 현재 그리고 미래를 아우르는 역사의 모든 궤를 구원 안에 포괄시킨다.

이스라엘 사람들의 역사의식은 일반적으로 세속적 의미에서 연대기적인 나열의 사유 구조에서 이해되지 않는다. 세속적 역사 이해에서는 역사의 목적, 즉 미래에 대한 이해가 불분명하다. 그것은 단순한 시간의 나열, 즉 하나의 선으로 과거와 현재 그리고 미래를 나열하는 데 반하여, 이스라엘의 역사의식은 원이라고 편의상 구분할 수 있다. 과거의 조상들의 시대가 끝난 것이 아니라 현재와 연결되어 현재 속에 함께 들어 있고 미래도 마찬가지로 현재의 시간 속에 함께 들어 있다. 단, 이렇게 이해하기 위해서는 '하나님과 함께'라는 믿음이 전제되어야 한다.

알파와 오메가시며, 그래서 역사의 시작과 끝이신 하나님께서 현재 우리와 함께 계신다고 한다면, 다시 말해서 지금 인간이 하나님과 만나는 순간 그 하나님 안에 있다는 것은 곧 역사의 시작과 종말을 함께 한다는 뜻이 된다. 그런 의미에서 역사는 하나님의 역사며 동시에 그분과 동행하는 믿는 자들은 그분의 다스림에 동참하는 것이다.

하나님의 다스림, 그것이 구약성서와 신약성서를 꿰뚫고 흐르는 수맥으로서 우리는 이 수맥을 타고 함께 흐르는 존재다. 다스림의 수맥에서 벗어날 때면 언제나 영원한 가뭄에 찌들게 된다. 그런 의미에서 구약성서와 신약성서의 연속성에 대한 물음 자체는 잘못된 물음이다. 신학은 유행을 타지 않는다. 유행처럼 보이는 것은 새로운 옷을 입고 나타났을 뿐이다. 신학의 본질은 하나님의 창조와 구원 그리고 그 다스림이다. 새로운 신학적 접근이란 그런 의미에서 새 옷과 같은 것이다. 본질은 변하지 않는다. 결국 삶의 본질이란 하나님께서 다스리시는 수맥, 즉 하나님의 뜻을 찾아 함께 동행하는 것이다.

3. 자유의 성취

구약성서는 이스라엘의 역사적인 체험을 신앙으로 해석한 책이며 성서는 시간 속에 놓여 있는 인간 존재됨의 의미를 밝히려고 노력한 역사서다. 우리가 구약성서를 통해서 만나는 내용은 세상 가운데에서 역사하신 하나님의 의지의 실현과 선택된 백성에 대해 베푸신 은혜, 존중 그리고 희망이다. 세상이 어떻게 변하든 '너는 내 백성이고 나는 너를 구원한다'는 그 유대감(헤세드)과 존중은 구약성서 전체를 꿰뚫고 신약성서에까지 이어져 왔다.

구약성서에서 창조 다음으로 중요한 것은 '출애굽 사건'이라 말할 수 있다. 하나님과 이스라엘 백성과의 결정적 만남의 사건인 '출애굽 사건'은 인간 세계를 완벽하게 초월하는 하나님의 능력을 드러내는 사건이자 동시에 하나님의 역사적 간섭 그리고 인간 삶을 하나님께서 존중하신다는 것을 증거하는 사건이다.

이스라엘은 '출애굽 사건'을 통해서 고통받고 억압받는 자들을 하나님께서 어떻게 대하시는가를 보게 되고 또한 하나님의 존재를 체험하며 그 체험을 통해 자신들의 정체성을 확립하는 계기를 마련한다.

출애굽 사건을 통해서 하나님께서는 인간의 고통을 외면하지 않으신다는 사실을 보여 주셨고 자신을 역사 안에서 간섭하시며 살아 활동하시는 존재로 알리셨다. 그 사건은 인간 세계 바깥에서 들어와서 개입한, 즉 유한한 세상 속에 무한이 침입해 들어온 사건이며 세상의 방식이 아닌 하나님의 방식이 선언된 사건이다. 그런 의미에서 출애굽 사건은 거룩하신 하나님과 인간의 만남의 역사, 그 역사의 내적 의미가 밝혀진 사건이라고 볼 수 있다. 출애굽은 그런 의미에서 '하나님과 함께'하는 역사, 즉 하나님 나라의 전형이다.

그러나 출애굽의 의미를 단순히 이스라엘 민족을 고통 가운데서 구조해낸 사건으로 축소시킬 수 없다. 과거의 전승이 현재 우리에게 과거 사실의 회상이나 감탄으로만 남는다면 전승의 의미는 축소된다. 과거의 전승이 현재 우리의 삶에 어떤 의미와 가치를 가지는가는 과거의 역사를 통해서 현재 하나님께서 우리에게 어떤 명령을 하고 계신가와 곧바로 연결된다. 출애굽은 과거의 사건이 아니라 현재 일어나는 사건, 다시 말해서 현재 일어나야 하는 사건이다.

역사를 살펴보면 인간들은 민족이건 공동체건 개인이건 간에 언제나 애굽의 속박과 같은 상황에 노출되어 왔다. 유사 이래 인간은 국가 간의 전쟁, 종교 전쟁, 무역 전쟁, 더 나아가서 이단적 종교성의 속박, 경제적 속박, 질병, 특히 바이러스의 침입 등과 같은 여러 다양한 위협과 위험에 끊임없이 노출되어 왔다. 어떤 형태의 어려움과 고통에서도 예외인 인간은 없다. 경제적으로 부유하면 부유한 대로 선진국은 선진국대로 다양한 어려움이 인간들을 옭아매고 있다.

그렇다면 출애굽의 역사를 우리가 이해할 때에 단순히 '그땐 그랬다'라는 막연한 과거의 역사로 회상한다면 그것은 하나님의 역사로서의 출애굽을 잘못 이해한 것이다. 이 출애굽의 역사는 지금 현재 우리가 서 있는 자리에서 우리에게 끊임없이 묻는다. '우리의 애굽은 어디인가?', '우리가 묶여 있는 고통의 질곡은 무엇인가?'를 되돌아보게 한다. 출애굽의 역사가 하나님의 역사로서 우리에게 의미를 가지려면 이 역사 앞에서 우리는 반드시 '나의 애굽은 어디인가?'라는 물음을 묻고 그 물음을 통해 해방되어야 한다.

그 물음에 대한 대답으로서 하나님께서는 그때도 그렇게 하셨고 오늘도 나의 애굽으로부터 나를 해방시키신다는 역사의식 앞에 우리를 서게 한다. 우리를 옥죄고 있는 다양한 어려움으로부터 우리를 해방시키시는 출애굽의 사건이 그때나 지금이나 '현재하고 있다'는 선포 앞에 우리는 서 있다.

구약성서의 모든 이야기들은 미가서 6장 8절에서 요약해 주는 것처럼 "주께서 선한 것이 무엇임을 네게 보이셨나니 여호와께서 네게 구하시는 것은 오직 정의를 행하며 인자를 사랑하며 겸손하게 네 하나님과 함께 행하는 것"이라고 일관되게 말하고 있다. 그것은 바로 하나님께서 이스라엘에게 행하신 대로 이스라엘도 그렇게 행동하라는 표본이다. 그런 의미에서 출애굽은 단순히 하나님께서 애굽의 압제에서 이스라엘을 구하시고 고통으로부터 해방시키셨다는 사실만으로 축소시켜 이해해서는 안 된다. 오히려 이 사건을 통해 이스라엘은 무엇을 해야 하며 어떻게 살아야 하는가 하는 목표를 제시해 주고 있다. 다시 말해서 '출애굽 사건'은 이스라엘의 존재 이유가 드러나는 사건이다.

이처럼 '출애굽 사건'은 이스라엘과 하나님과의 기본 관계를 맺어 준 사건이며 세상에서 하나님은 자신의 백성과의 구체적인 사건과 관계 안에서 자신을 현실 생활에서 살아 활동하는 존재로 알리셨다. 그런 의미에서 '출애굽 사건'은 하나님과 이스라엘과의 가장 중요한 관계 회복의 사건이며 약속의 시간이 성취의 시간으로 변하는 과정을 이야기하고 있다. 그것은 곧 구약성서의 약속이 그리스도에게서 성취되는 과정의 시작점을 보여 준다.

그 사건은 세상 사건에 신적 사건의 의미를 부여하였다. 그런 의미에서 '출애굽 사건'은 거룩하신 하나님과 인간의 만남의 역사, 그 역사의 내적 의미를 밝히 드러낸 사건이라고 볼 수 있다. 이처럼 이 사건을 단순히 하나님께서 자신이 사랑하시고 선택하신 백성을 도왔다는 사실로 축소시켜서는 출애굽 사건이 말하고자 하는 내적 의미가 모두 파악되지 않는다. 하나님과 유대 민족과의 신뢰의 인격적 해후, 즉 '헤세드(유대감)'의 역사임을 드러내 보여 주는 이 사건은 동시에 지금도 마찬가지로 개인이든, 민족이든 하나님께서는 고통받는 자신의 자녀들, 우리를 그냥 두고 보지 않으신다는 선언이다.

4. 하나님의 뜻을 위해 호출된 자들

연약한 한 백성이 불확실한 미래를 향하여 약속에 기초하여 나아간다는 현실의 가혹함은 상상 이상의 어려움을 동반한다. 하나님과 이스라엘의 관계는 "내가 너와 함께하니까 너는 나와 함께하라."는 하나님과의 교제 관계가 동시적, 동속적으로 이루어져야 한다. "나는 너를 자유롭게 인도했다. 그러니까 너는 어디에도 매이지 않고 자유로워야 한다."는 이 선언은 하나님의 뜻의 현실화를 의미한다. 하나님의 뜻은 좋은 이론으로 공중에 떠 있는 것이 아니라 이스라엘의 실제 삶 속에서 실현되고 구체화되어야 한다는 사실을 말해 준다. 은혜 안에 있는 자는 이전의 은혜 밖에 있을 때의 삶과 달라져야 한다.

구약성서에서 중요한 또 다른 사건은 예언자들의 등장이다. '예언'은 내일 또는 미래에 일어날 일을 예고하는 것으로 이해하기 쉽다. 예언자들이란 하나님의 계획을 미리 알고 나중에 일어날 사건들을 미리 예고하고 맞추는 것으로 생각하는데 그것은 예언에 대해 너무 축소시킨 해석이다. 예언자들이란 하나님의 의지가 무엇인가를 듣고 전하기 위해 호출된 자들이다. 그들은 지금, 현재 이스라엘을 하나님 앞에 세우기 위해 부르는 부름말을 담당한다.

그래서 예언은 하나님께서 선택하신 백성이 지금 이 순간 하나님 앞에 어떻게 응답해야 하는가, 다시 말하면 '네가 어디 있느냐? 네가 무엇 하느냐?'라는 창세기의 부름과 똑같은 부름이다. 예언자들의 호소는 그 부르심 앞에서 이스라엘이 머뭇거리거나 핑계 대지 않고 하나님의 부르심에 응답할 것을 촉구하는 선언이다.

그래서 드고아의 목자 아모스는 이스라엘의 선택은 특권이 아니라 책임이라고 피력한다. 특별한 관계는 특별한 관계에 대한 책임이 따른다. 아모스는 이스라엘에게 악한 길에서 벗어나 하나님께 돌아오라고 호소하며 내일이면 너무 늦을 것이고 오늘이 결단과 회개와 변화의 때라고 말한다. 그러나 이스라엘은 이미 습관의 노예가 되어 있었고 자기만족에 빠져 하나님의 부르심을 들을 마음이 전혀 없었다. 이것을 현대적 용어로 말하면 세상의 지혜에 빠져 있었다고 말할 수 있다.

아모스 7장 10절에서 예언의 본질이 드러난다. 아모스는 사회적 불의를 신랄하게 지적하였기 때문에 벧엘의 제사장 아마샤는 아모스의 메시지를 반역으로 여겼고 "그 모든 말을 이 땅이 견딜 수 없나이다."라고 말한다. 여기에서 예언의 성격이 드러난다. 예언은 세상의 지혜가 아니다. 그렇기 때문에 세상에 속한 자들이 들을 경우에 그들은 견디지 못하고 싫어한다. 그것이 바로 하나님의 말씀의 특징이다.

호세아서도 마찬가지다. 이스라엘은 언약의 충실함을 잃어버렸다. 6장 6절에서 하나님께서는 "나는 인애를 원하고 제사를 원하지 아니하며 번제보다 하나님을 아는 것을 원하노라."고 말씀하고 계신다. 지키라는 것은 다 잘 지키고 제의적으로 하라는 것은 다 하면서 마음으로는 딴 짓을 하는, 그래서 나무랄 일은 없지만 마음에는 들지 않는 그런 신앙생활인 앞에서 예언자는 하나님께서는 형식적인 예배를 넘어서는 진심 어린 순종과 충실함을 원한다고 호소한다.

호세아는 바로 이 문제를 이스라엘이 성숙하지 못해서 아직 하나님을 알지 못하는 데서 비롯되었다고 보고 있다. '인애'는 자비, 선함, 충실, 인(仁), 사랑을 모두 포괄하는 단어다. '인애'는 하나님께서 이스라엘을 대하는 관계를 표현하는 단어로서 "자비롭고 은혜롭고 노하기를 더디하고 인자와 진실이 많은(출 34:6; 시 103:8)" 하나님을 표현한다. 또한 이스라엘이 하나님께 보여야 하는 신뢰 관계를 나타낼 때도 마찬가지로 이 개념을 사용하고 있다. 그러나 이스라엘의 인애는 "아침 구름이나 쉬 없어지는 이슬 같도다(호 6:4)."라고 말한다. 따라서 호세아는 하나님의 사랑에 대해 이스라엘이 하나님께 성숙한 책임을 지고 인애를 보여 주며 '전인적으로 응답'할 것을 호소한다.

이상에서 본 것처럼 구약성서의 예언서들이 우리에게 주시는 말씀은 예언자로서의 목회자들이 '이 땅이 견디지 못 하는 말을 하는 것', 그래서 그것은 세상의 지혜가 아니라 하나님의 지혜를 선언하는 것이라는 사실을 말해 준다. 그리고 하나님과의 관계 안에서 인애를 회복하는 것이 사명이라는 사실을 깨닫게 한다.

교회 성장 동력은 바로 이 점에서 구약성서의 예언자 정신을 회복하고 하나님의 뜻을 세상에 실천하며 인애를 세울 때 바로 설 수 있다. 인간은 '하나님의 형상'으로 창조되었기 때문에 그 형상을 완수하며 살아가야 할 의무가 있다. 하나님께서 함께하시는 출애굽의 역사를 체험한 우리는 현재의 삶 속에서 우리 자신들을 옭아매는 애굽과 같은 속박에서 해방되어야 한다. 해방된 우리는 예언자들처럼 하나님의 뜻을 전하는 자들이다. 그런 의미에서 예언자들의 등장은 하나님과의 관계를 하나님의 형상으로 되돌려 회복하기 위한 하나님의 구원 행위다.

5. 미래에 대한 신뢰

하나님과 함께한 자들에게 약속과 함께 미래가 열린다. 물론 이 미래는 인간의 미래가 아니며 인간이 계획한 미래가 아니라 하나님의 미래다. 이스라엘의 선조들과 함께하신 하나님께서 계속해서 선언하시는 말씀은 창세기 28장 15절에 요약되어 있다. "내가 너와 함께 있어 네가 어디로 가든지 너를 지키며 너를 이끌어 이 땅으로 돌아오게 할지라 내가 네게 허락한 것을 다 이루기까지 너를 떠나지 아니하리라." 이 '함께하신다'는 하나님은 시간과 공간의 주인이시며 미래에 대한 희망을 열어 주신다. 밝고 어두운 모든 역사의 흐름 가운데 '함께하시는 한 분 하나님'에 대한 고백은 구약성서와 신약성서 전체를 관통하고 흐르는 수맥이다.

하나님의 미래 앞에 서 있는 자는 현재의 책임 앞에 선 자다. 미래의 하나님은 출애굽의 하나님이시며 동시에 구원의 하나님이시라는 신뢰가 생겨난다. 이러한 신뢰에서 싹튼 책임 의식이 거룩한 백성이라는 의식과 더불어 아버지와 자녀의 관계로 그 친밀감이 표현된다. 거룩한 백성이라는 책임 의식이 희박해지자 "내가 자식을 양육하였거늘 그들이 나를 거역하였도다 소는 그 임자를 알고 나귀는 그 주인의 구유를 알건마는 이스라엘은 알지 못하고 나의 백성은 깨닫지 못하는도다(사 1:2~3)."라고 예언자는 한탄한다.

1) 의로운 자들의 고난

창조에 대한 신뢰와 더불어 세상은 하나님께서 직접 다스리신다는 신앙이 유일신 사상과 결부되었다. 그러나 이스라엘의 선택이 책임적 존재로 살아야 하는 명령이라는 사실에도 불구하고 그 명령은 이스라엘 민족의 삶을 속속들이 지배하지 않게 되었다. 의로운 자들의 고난은 처음부터 '함께하시는 하나님' 신앙을 흔들어 놓게 된다. '함께하시는 그 하나님'은 창조자시며 보존자시며 역사의 지배자로서 이스라엘의 '지금' 현재를 다스리시지만, 끊임없이 일어나는 의로운 자들이 받는 고통은 오히려 이러한 신앙에 위기를 가져온다. 공의로운 하나님께서 선한 자를 보호하시고 악한 자를 벌하신다는 신뢰가 현실에서는 자주 무너지게 된다.

그럼에도 불구하고 마지막 때에는 선한 자들이 축복을 받고 악한 자들은 심판을 받으리라는 묵시적 희망의 단초가 여기에서 발견된다. 그리고 그러한 희망의 문제가 욥기와 전도서를 통해 다시 점화된다. 의인의 고난에 대한 절정의 문헌으로서 욥기가 등장한다. 이 문제에 대한 하나님의 대답을 인간의 기대와 다르게 해석해 줌으로써 욥기는 최고의 문헌으로 등극하게 된다. 인간의 지혜로 해석해 내려는 하나님의 역사, 의로운 자들의 고난에 대해 해결책을 찾으려는 인간의 노력에 침묵하기를 선언하시는 하나님의 능력이 선포되기 때문이다.

전도서에서 보여 주는 삶의 무의미성이 체념적 위로로 끝나지 않고 욥기는 엄청난 하나님의 계획 앞에서 인간이 할 수 있는 유일한 것은 놀라움과 경탄으로 하나님의 지혜와 능력 앞에 무릎을 꿇는 것임을 선언한다. 인간은 언제나 자신에게 일어난 일들을 자기중심적으로 해석한다. 그래서 세상에서 일어나고 있는 모든 일들에 대해서 스스로 변명하고 스스로 대답을 찾고 그렇게 믿는다. 그러나 하나님의 역사하심은 인간의 지혜, 세상의 지혜로는 풀 수 없는 신비한 물음이다.

인간이 겪는 고통은 인간을 좌절시키고 인간의 이성을 마비시키는 어려움이 아니다. 오히려 인간이 파악할 수 없고 헤아릴 수 없는 하나님의 신비 앞에서 인간은 입을 닫고 귀를 열 수만 있을 뿐이다. 하나님을 변호하며 하나님의 뜻을 알고 있다고 생각하는 욥의 친구들의 모든 변호들을 하나님께서는 오히려 거부하시며 그들에게 노하신다. 그러나 욥은 "주께서는 못 하실 일이 없사오며 무슨 계획이든지 못 이루실 것이 없는 줄 아오니 무지한 말로 이치를 가리는 자가 누구니이까 나는 깨닫지도 못한 일을 말하였고 스스로 알 수도 없고 헤아리기도 어려운 일을 말하였나이다(욥 42:2~3)."라고 고백한다.

하나님의 역사는 신비다. 하나님의 역사 앞에서 그것을 헤아린다고 착각하는 욥의 친구들과 오히려 그 신비를 깨닫지 못한다고 고백하는 욥의 자세가 대립되어 있다는 사실을 알게 된다. 이러한 사실은 곧바로 신약성서에서 사도 바울이 말씀의 신비 앞에 "두려워하고 심히 떨었노라."고 고백하는 것과 같다(고전 2:1~5).

우리는 욥의 친구들처럼 너무 쉽게 습관대로 하나님의 일들을 이해해 버린다. 그러나 하나님의 일은 언제나 무한한 의미를 함축하고 있기 때문에 육적 인간의 사고 속에서 설명하거나 이해할 수 없다. 하나님께서 역사하시는 의미의 세계를 단순히 이렇게 저렇게 이해하며 처리할 수 없기 때문에 우리는 그 역사 앞에서 경외감을 갖고 그 역사의 의미를 신비로 고백한다.

의인의 고난에 대한 물음이 지속되고 해답을 얻지 못하자 후기 유대교는 주변에서 들어온 종교적인 표상 세계를 통해 죽은 자들의 부활과 종말 사상으로 해답을 얻으려고 했다. 후기 유대교의 종말 사상은 원 그리스도교의 중심 사상이 되며 종말과 부활, 즉 구원이라는 절대적 가치의 신앙이 확고하게 수립된다.

후기 유대교의 주변 상황은 이미 세상이 서로 하나로 묶여 있었고 유대교가 철저하게 자신들의 종교적 고립을 고수하긴 했지만 물밀듯이 밀려오는 주변 정신세계의 사조들과 접촉할 수밖에 없었다. 따라서 그리스 철학적 금욕주의, 밀의 종교 및 신비 종교, 별자리 숭배 종교들, 이란에서 온 선한 신과 악한 신의 투쟁에 관한 사유들 등과 같은 유사 종교들이 대도시를 중심으로 밀려들어 왔다. 그 가운데 영지주의는 커다란 영향력을 가지고 있었으며 이후 그리스도교에도 많은 위협과 영향력을 행사했다.

따라서 이제 막 시작하는 그리스도교는 이러한 영향권 안에서 자신들의 독자적 정체성을 찾아야만 했다. 그래서 그들은 스스로를 참 이스라엘로 이해했다. 그리스적인 이원론의 철학도 영향을 미쳤고 주변의 밀의 종교들과 별자리 종교도 큰 위세를 떨치며 유대교의 유일신론을 압박하고 있었다. 그러나 여타의 다른 종교들과는 달리 유대교가 끝까지 견지한 종말에 대한 이해는, 세상의 마지막은 하나님의 심판이며 그것은 혼돈의 세계로 빠져들어 가는 불확실성의 천지개벽의 문제가 아니라는 사실이다. 이러한 종말 사상이 신약성서에 들어와서 예수의 마지막 종말에 관한 비유에서 꽃을 피우게 된 것이다.

세상은 하나님의 계획과 그분의 뜻에 따라 다스려지고 지탱되고 있다. 그렇기 때문에 그분의 뜻에 순종하는 자들은 기쁨의 때를 맞이할 것이며 불순종이 저는 심판으로 다스려질 것이다. 예수의 이러한 선포와 더불어 그를 그리스도로 믿는 자들은 '함께 하시는 하나님', '현재를 다스리시는 주님'을 고백하며 미래에 가까이 다가오는 것으로 이해했던 구원을 예수에게서 보며 미래를 지금, 현재에서 미리 맛보는 자들로 자신들을 이해했다. 그리스도교는 그런 의미에서 종말을 선취해서 사는 자들, 다시 말해 미래를 지금으로, 미래에 다가올 하나님 나라를 현재에서 실현시키는 자들로 스스로를 이해했다.

2) 관계에 대한 유대감

구약성서에서 가장 중요한 계약 개념은 법적인 내용을 담고 있기는 하지만 법적인 내용을 기초로 하여 도덕적 의무들과 결합되어 있다. 그렇기 때문에 하나님과 이스라엘의 관계에 대한 가장 기본적인 자세는 성실성에 관한 문제다. 이 성실성을 유대감으로 표현하면서 올바른 행동을 향한 지향성이 요청되었다. 그래서 하나님에 대한 성실성은 순종이라는 개념으로 발전되고 결국 하나님의 뜻에 대한 순종, 하나님의 다스림에 대한 순종으로 발전된다. 그러나 이스라엘은 이러한 순종을 제의적 법조문이나 의무, 명령으로 이해하면서 유대감의 외적 성실만을 추구하기에 이르렀고 이 때문에 성서는 계속해서 약속과 협약의 준수로 국한되지 않는 인간 내면의 깊숙한 곳까지 다다르는 성실성의 확대를 요청한다. 출애굽기 34장 6절 이하에서 자주 나타나는 하나님의 성실성에 대한 언급은 은혜 개념과 결부되어 있고 법조문 위에 있는 인간 의지의 순수성에 대한 지적은 그러므로 끊임없이 예언자들의 요청으로 유지되었다.

이처럼 구약성서는 대부분 하나님에 대한 인식을 하나님이라는 존재의 본질에 대한 인식으로 보지 않고, 이스라엘이 가장 중요하게 본 것은 하나님의 의지, 그분의 뜻에 대한 인식이다. 그러나 여기에서 우리가 인식이라고 말할 때 그것은 단순한 앎이 아니다. 하나님의 속성이나 그분의 본질에 대한 이론적인 분석이나 앎이 아니라 그분의 의지와의 만남, 그분의 의지와의 합일, 그래서 그분의 뜻을 삶으로 살아낸다는 것을 의미한다. 그런 의미에서 예언자들이 이스라엘을 질책할 때의 그 질책은 그분의 뜻대로 살지 않으면 '아는 것이 아는 것이 아니다.'라는 대전제 아래 그대로 실천하지 않음으로 인해 생명을 잃게 되는 현실성을 말하고 있는 것이다.

상을 만들지 말라는 금령은 하나님을 포착 가능한 가시적 존재로 이해하지 말라는 명령이다. 하나님은 모든 주도권을 가진 분이시며 그분은 자신이 원하시는 때에 언제 어느 곳에서나 그분의 방식으로 현재하신다는 사실을 선언하는 것이다. 그래서 신상에 대한 금지는 인간이 자유롭게 마음대로 할 수 없는 신비한 존재로서의 하나님에 대한 선언이다.

인간은 언제나 하나님 앞에 서 있으며 제의 의식으로 하나님과 관계를 맺을 수는 없다. 그 제의 의식은 예배에서 끝나는 것이 아니라 실제적인 삶에서 구체적으로 실천되어야 한다는 선언이다. 비록 성전에서의 제사도 중요하지만 일상의 삶에서도 인간은 하나님의 뜻에서 자유롭지 못하다는 선언이다.

3) 다스림의 실현

현시대에 우리는 '평등'이라든가 '모두가 함께'라든가 '기회의 균등'과 같은 좋은 구호에 익숙해 있다. 이런 구호들은 원래 타자에 대한 배려를 중심으로 하는 구호들이기 때문에 이웃 사랑이라든가, 약자에 대한 양보 등과 같은 도덕적 실천의 문제를 위한 개념어들이다. 그러나 이 개념어들이 강조되면서 '타자', '이웃'이라는 주체어보다는 평등이나 그것을 꾸미는 언어가 강조됨으로 인해 이웃이나 타자가 약화되고 '돕는 조직'이라든가 '돕는 이론' 등과 같은 이념어들이 등장하게 된다. 이러한 이념어들이 등장함으로 인해 돕는 행위를 위한 '조직'들과 그러한 조직들에 정당성을 제공하는 이론들이 강조되기에 이른다.

이런 구조적 변화는 도움을 받아야 할 대상이 중요시되지 않고 돕는 행위자가 더 중요한 위치를 점하게 된다. 그로 인해 실질적으로 진정한 의미에서의 타자나 약자의 보호가 아닌 평등이라는 이론적 구호가 행위하는 자들의 이해관계를 확보하기 위한 구호로 변질된다. 어떤 좋은 이론도 그 이론이 구조적으로 조직화되고 제도화되면 생명을 잃게 된다. 다시 말해서 사랑은 어떤 조직이나 제도에서 활성화될 수 있는 성격이 아니라 그때그때 당면한 기회에서 살아 움직이는 생동하는 유기체다.

이러한 일들이 가나안 땅에서 일어난다. 억압에서부터 해방된 이스라엘이 가나안으로 들어가는 과정을 구약성서는 상세하게 기술하고 있다. 그러나 약속된 땅이라는 이유로 정의의 이름으로 가나안을 정복하는 문제에 대해서는 분명한 해석이 필요하다. 불의를 제거하는 하나님의 간섭으로 해방된 자들이 오히려 타민족을 마찬가지로 정복하며 억압하는 자리에 서게 된다는 사실은 어떤 형태로든 정당화될 수 없다. 하나님의 도우심으로 해방된 자가 다른 타자를 똑같이 억압한다면 그것은 분명 잘못된 일이다. 구약성서에서 자주 나타나는 이스라엘의 자기 정당화는 하나님의 정의를 자신들이 끌어다 이용한 잘못된 판단이다.

어떤 형태의 폭력이든 간에 폭력은 이스라엘에게도 정당하게 허락되지 않는다. 보편적인 정의와 구원의 하나님이라는 신앙은 이러한 특수한 정복에 대한 해석을 표면적으로는 불가능하게 한다. 그렇다면 이 문제를 어떻게 이해해야 하는가 하는 것이 우리의 과제다. 분명히 이러한 가나안 정복 이야기는 중심 주제가 하나님의 다스림에 있다.

선택받은 자들은 그 선택을 지키기 위해서 무슨 일도 할 수 있다는 사상은 극히 위험하다. 선택받은 민족은 하나님의 도우심으로 자신들의 선택을 지키기 위해 타민족을 마음대로 정복할 수 있다는 것, 하나님의 이름으로 이웃에 대해 무수히 많은 폭력을 가한 그 역사는 하나님의 우주 창조에 대한 전혀 다른 관점을 보여 주며 신약성서의 예수 그리스도의 구원 사건으로 새롭게 해석될 필요가 있다. 선택된 백성으로서의 책임성을 놓친 이스라엘의 그 이후의 역사를 우리는 간과해서는 안 된다.

하나님의 선택이 배타적인 사랑과 구원을 가져온다고 잘못 이해하면 타자에 대한 폭력이라든가 보편적 정의의 하나님이라는 신앙 자체가 흔들리게 된다. 여기에서 나타나는 선택의 배타성은 다른 것을 제외시키는 배타성이 아니라 하나님의 통치의 절대성을 말하는 것이라는 사실을 이스라엘은 놓치고 있었다.

그렇기 때문에 구약성서의 이러한 본문들을 우리의 욕구나 이해관계를 충족시키는 본문으로 이해해서는 안 되며 그렇게 잘못 이해하면 공의의 하나님, 보편적 정의의 하나님, 사랑과 구원의 하나님이라는 고백 자체가 편협한 이기적 구호에 그칠 위험을 갖게 된다. 이 문제가 결국 예수 그리스도의 출현과 더불어 우주적 차원의 하나님의 다스림, 하나님 나라의 선포로 명확하게 해명된다.

마찬가지로 현대의 개체교회주의라는 말 자체가 교회라는 개념에 모순되는 단어임을 신약성서에서 볼 수 있다. 이스라엘의 선택받음이 곧 세상에 대한 책임과 연관되는 것처럼 개체로서의 개교회 개념은 실상은 '하나님 앞에 호출되어 나온 자들의 모임'으로서의 교회 개념으로 확장되어야 한다. 이처럼 신약성서와 구약성서는 같은 내용을 보여 주고 있다. 자칫 오해하면 우리는 두 문헌을 서로 보완해야 하는 문서로 보게 된다. 구약성서와 신약성서는 서로 보완해야 할 문서가 아니라 하나님의 다스림이라는 같은 내용을 시대적 공간적 상황에서 그때그때 적용하며 다르게 표현한 것이다.

그런 의미에서 정경은 하나님의 다스림을 위해 개방되어 있는 문헌이며 그렇기 때문에 오늘도 함께하시고 다스리시기를 원하시는 하나님의 미래를 향해 우리에게 열려진 문이라고 볼 수 있다. 성서가 가진 권위는 문자에 있는 것이 아니라 살아 계신 하나님의 현재하시는 다스림의 소리를 듣는 것, 즉 하나님의 선포에 있다.

이처럼 구약성서와 신약성서는 모두 하나님의 통치, 즉 하나님 나라를 목표로 하고 있다. 하나님 나라는 결국 하나님의 다스림을 의미하며 세상의 나라와 하나님 나라는 구분되어야 한다.

그러나 이렇게 말하면 구분이라는 것 자체에 오해의 소지가 있다. 지배하고 통치한다는 말에 거부감을 갖도록 교육받은 현대인들은 자신들이 무한한 자유를 누려야 하는 것으로 착각하고 있다. 그러나 우리는 이미 자유롭지 못하고 무엇인가 세상의 것들에 의해 지배당하고 있다. 어느 누구도 온전한 자유를 누리는 자는 없다.

그러나 성서는 그 지배의 주체가 세상이 아니라 하나님이라는 사실을 말해 준다. 창세기 8장 21절의 말씀처럼 '인간은 어릴 때부터 악하다.' 그렇기 때문에 자연적인 인간은 언제나 실족할 수밖에 없다. 오직 하나님과의 유대감을 통해 은혜 안에 거할 때 하나님께서 만드신 그 뜻에 합당한 '하나님의 형상'으로의 인간이 될 수 있다는 사실을 말해 준다.

4) 미래의 희망

자주 한 민족의 희망을 이야기할 때 그 민족의 과거와 연관시킨다. 과거는 고정되어 있는 것 같지만 실상 과거는 현재와 미래가 어떻게 해석하느냐에 따라 변한다. 모순되는 것 같지만 지나간 과거는 과거 그 자체로 있지 않고 현재의 삶에 영향을 미치며 미래의 희망을 위해 어떤 의미를 갖는가 하는 문제가 바로 역사가들의 고민이다. 마찬가지로 그리스도교 역시 과거 이스라엘의 구원 역사와 그리스도의 구원사를 현재와 어떻게 연결시켜 이해하는가 하는 문제는 매우 중요하다.

그리스도교는 하나님의 구원 역사에 대한 해석의 역사라고 말할 수 있다. 그런 의미에서 과거는 미래를 위한 예언의 의미를 갖게 된다. 다시 말하면 역사는 과거와 현재 그리고 미래로 분리되어 있지 않고 하나의 고리로 연결되어 서로 간에 상호 작용을 하는 연속성의 의미를 갖는다. 그래서 이스라엘 사람들은 과거 선조들의 역사가 끝난 것이 아니라 현재 민족의 삶 속에 함께 살아 있다고 믿었다. 마찬가지로 역사는 서로가 단절된 것이 아니라 미래가 현재를 구속해 오며 하나의 큰 덩어리로 살아서 꿈틀거리는 생명체, 즉 유기체로 이해했다.

여기에서 이스라엘 특유의 역사의식이 생동한다. 조상들에게 하신 하나님의 약속은 현재의 자신들에게도 적용되고 마찬가지로 미래의 후손들에게도 적용된다. 그래서 과거의 조상들과 현재의 우리 그리고 미래의 후손들은 하나의 구원 공동체를 이루는 유기체적 존재가 된다. 이것이 바로 역사의 연대성과 유연성이다.

그러한 역사의식은 하나님께서는 오신 분으로서 지금도 와 계시고 미래에도 오시는 분으로 이해된다. 더 나아가서 이스라엘의 역사는 '나는 너의 하나님'이라는 공식적 약속의 해석이라고 볼 수 있다. 물론 그 해석 과정에서 끊임없이 실족하고 그분의 임재하심에 대한 의문이 제기되지만 결국에 가서 관철시키시는 '나의 하나님'께서 이스라엘의 전 역사에 이어서 신약성서와 연결된다.

흔히들 그리스도교를 계시의 종교라고 말한다. 우리는 역사 가운데 하나님께서 자신의 의지, 즉 뜻을 계시하신다고 믿고 우리가 그 뜻을 알아채기 위해 기도하고 감사드린다. 계시라는 말뜻은 감추어져 있는 것이 드러난다는 뜻이다. 계시라는 말은 동시에 지혜로 변형되기도 하고 신비 또는 비밀과 결부되어 있다.

목회자의 설교는 근본적으로 하나님의 비밀을 선포하는 것, 다시 말해서 하나님의 뜻이 무엇인가를 계시하는 것이다. 그런 의미에서 계시라는 말 자체는 일차적으로 드러낸다는 의미에서 이해될 수 있지만 더 나아가서 '참여한다'는 의미로 확장되어 이해된다. 그래서 계시는 하나님과 인간의 관계를 표출해낼 수 있는 관계 개념이다. 이 관계 개념으로서의 계시가 인간의 희망의 원인이 된다.

구원의 역사는 결국 지향점이 희망으로 설명된다. 하나님의 뜻이 하늘에서처럼 땅에 실현되는 것이 희망이며 동시에 희망은 구원이다. 희망이라는 말은 살아 있는 모든 생명체의 존재 이유를 가리키는 말이다. 희망은 믿음의 다른 말일 뿐 아니라 믿음의 기초가 되는 말이다. 그래서 희망은 언제나 인간의 것이 아니라 하나님의 선물로 이해된다.

오직 하나님 한 분만이 희망을 가능하게 한다. 하나님의 가능성 안에 자신을 맡기는 것만이 오로지 희망을 가동시킨다. 하나님 안에서만 희망할 자유를 갖는다. 그런데 자주 희망이 개인적인 욕구의 충족이나 개인적 꿈의 실현 등으로 축소되어 이해되곤 한다. 그렇기 때문에 모든 희망이 타당한 것은 아니다. 자기중심주의에서 나온 인간의 기대와 욕망을 희망이라는 범주에 넣을 수는 없기 때문이다. 개인적인 유익함을 추구하는 기대는 오히려 하나님을 향한 참된 희망을 왜곡시킬 수 있다. 그런 의미에서 세상적인 기대에 부응하는 성공이 하나님 앞에서 반드시 정당성을 가질 수는 없다.

희망은 인간이 이룰 수 있는 가능성의 차원을 넘어선다. 그런 의미에서 개인적인 풍요로움과 안위, 평화로움 같은 인간의 행복이 정당성을 가지려면 오히려 획득할 수 없고, 이루어낼 수 없는 하나님의 능력에 온전히 의지할 때 그 정당성을 갖게 된다.

인간의 삶이란 매 순간순간 위기와 고통, 불안과 질병, 가난과 불의 등에 노출되어 있다. 이러한 삶의 위기 가운데에서 인간들은 이 위기를 극복하고 안전하고 평안한 삶을 희망한다. 하나님 앞에서 정당한 희망이란 이 고통 속에서 창조주 하나님에 대한 신뢰에 근거를 둔 회복의 희망이어야 함을 말한다. 우연한 행운이라든가, 우발적이고 돌발적인, 더 나아가서 다른 사람들의 희생이나 억압을 통한 자신의 특별한 행운을 기대한다면 그것은 정당한 희망이 아닌 것이다. 여기에서 가나안 정복의 문제점들이 돌출되며 다시 해석되어야 한다.

모든 희망은 하나님을 향해 있어야 한다. 개개인의 욕망과 타자에 대한 억압으로부터 생겨나는 희망은 정당한 희망이 아니며 이러한 희망은 오히려 개인이나 공동체에 위기를 가져온다. 이러한 위기의 순간에 예언자들은 언제나 정당한 희망으로 돌아서기를 원하며 호소하고 있다. 호세아서 6장 1~2절에 의하면 "오라 우리가 여호와께로 돌아가자 여호와께서 우리를 찢으셨으나 도로 낫게 하실 것이요 우리를 치셨으나 싸매어 주실 것임이라 여호와께서 이틀 후에 우리를 살리시며 셋째 날에 우리를 일으키시리니 우리가 그의 앞에서 살리라."고 고백한다.

이 호소는 인간이 물질적 풍요로움이나 자기애에 기초한 성공을 기대한다면 이 이기적 계획은 사랑과 구원, 평화와 정의의 선을 구현하고자 하시는 하나님의 희망과는 다른 영역의 문제가 된다는 사실을 밝혀 준다. 결국 인간의 희망은 언제나 하나님의 다스림이라는 전제하에 점검되어야 하며 인간의 욕구에 의한 물체론적 희망이 하나님을 이용할 수는 없다는 사실을 선포한다. 인간 영역의 물체론적 희망은 언제나 뒤틀릴 수 있기 때문에 하나님의 영역으로 고양되어야 하며 그 근원을 희망의 근원이신 분과 연결시켜야 한다. 분명한 것은 구약성서가 하나님과 결부된 희망과 개인사와 결부된 희망을 구분한다는 사실이다

결국 신약성서에서 이 희망은 하나님 나라, 하나님의 다스림과 결부되고 희망의 절정은 부활이 된다. 그리스도의 부활은 죽음이 끝이 아니라는 선언, 즉 죽음을 넘어서는 하나님과의 연대를 말한다. 신약성서에서 이 희망은 곧바로 세상의 극복, 세상에서의 구원, 세상의 지배력에서 자유롭게 됨을 의미한다. 그래서 '가난한 자는 복이 있고 죽은 자가 다시 살며 죽은 것 같으나 다시 살고 가난한 자 같으나 모두를 부요케 한다.'

하나님을 향한 희망 안에서 지금과는 전혀 다른 차원의 구원을 경험하며 세상의 것들로부터, 그것이 고통이든 아니면 세상적 물질적 풍요로움이든 간에 자유롭게 하시는 선언을 듣게 된다. 그것은 전혀 다른 세상이며 물질에 결부되어 있는 우리의 위기를 극복하게 한다. 그것은 세상의 지혜가 아니고 인간 안에서 이루어지는 하나님의 다스림을 경험하게 한다.

그런 의미에서 개인의 희망의 정당성의 기준은 개인에게 있지 않다. 인간의 희망은 그런 의미에서 하나님의 희망에 대한 경외심에서 생겨난다. 우리의 희망은 그 자체로 의미를 갖지 않고 하나님의 희망이라는 관계 안에서만 정당성을 갖는다. 희망은 전적으로 하나님의 것이고 구원의 희망 역시 하나님의 것이며 이러한 현실이 신약성서의 문을 열어 준다.

PART 3

신약성서의 선포

하나님 앞에서는 오직 전인적 순종만 있을 뿐
구원은 하나님의 것이다.
다른 핑계는 없다.

1. 예수의 역사

1) 하나님 이해

마가복음서 1장에서 예수께서는 '하나님 나라'의 선포와 함께 등장하신다. 예수께서 선포하신 이 '하나님 나라'는 구약성서의 창조 사상과 연결시켜 이해되어야 한다. 왜냐하면 구약성서에서 말하는 창조는 하나님의 다스림의 역사를 시작하는 '시원'이며 동시에 '계시'기 때문이다. 그렇기 때문에 구약성서의 창조 이야기는 출발의 의미와 함께 목적의 의미, 즉 구원 역사의 결론이라고 말할 수 있다. 창조라는 대전제는 '만드신 분이 다스리시고 또한 구원하신다.'는 선언이며 동시에 역사의 결말을 계시하는 선포기 때문이다.

하나님의 세계 창조는 과학적 이론의 언어로 표현된 것이 아니기 때문에 자연과학적 분석의 범주에 들어가지 않는다. 오히려 하나님의 의지에 의해 세상이 창조되었다는 의지자로서의 하나님에 대한 이해며 세상을 자신의 의지로 경영하신다는 구원의 목표에 대한 계시다.

구약성서가 말하는 의지자로서의 하나님은 민족과 개개인의 창조자시며 동시에 그들의 구원자시며 주인이시다. 그는 큰 위험에서 돕는 자요, 보호자요, 거룩하신 자요, 왕이시다. 이스라엘의 출애굽 사건 역시 그것 자체가 하나님의 다스림의 역사다. 하나님께서는 민족의 절망적 상황을 인간이 계획할 수 없는 전혀 다른 과정을 거쳐 인간이 전혀 생각해 낼 수 없는 상황으로 바꾸어 놓았다. 이것이 바로 하나님의 다스리심의 방식이며, 이스라엘에게 있어서 하나님의 관여는 언제나 이와 같은 방식으로 일어난다.

이스라엘 백성을 하나님의 방식으로 기적적으로 구출하신 그 역사하심은 과거로 끝나지 않는다. 하나님께서는 지금도 새로운 것을 창조하시며, 마른 풀들을 살리시고 만물을 먹이시고 기르시며 풍요를 제공하시고 자신의 방식으로 기적을 베푸신다.

그분의 기적은 모든 것을 새롭게 만드는 창조의 연장이다. 세계 창조, 출애굽, 바벨론 포로 귀환은 모두 똑같은 하나님의 창조와 구원 활동이다. 하나님의 창조 활동은 과거의 세계 창조에 한정되지 않고 모든 시대에 대한 그의 적극적이고 구원하는 활동과 그의 소극적 활동까지도 표현하는 총괄 개념이다. 그래서 세계 창조는 기쁜 소식이며 위로를 주는 복음이다.

이방의 다른 민족들은 자연 속에서 신령하게 보이는 것들을 상징으로 삼아 돌이나 나무 등으로 형상을 만들어 종교 의식에서 신들로 숭배했다. 그러나 이스라엘은 하나님을 상징하는 어떤 형상을 만드는 것도 거부하고 명령하시는 의지자로서의 하나님만을 강조한다. 하나님은 의지자로서 행위하시며 그분의 의지가 있는 곳에 그분은 함께하신다. 그분의 의지는 눈에 보이는 것이 아니며 그래서 그분은 상으로 만들 수 있는 분이 아니시다.

신약성서에서 예수께서 이해하시는 하나님은 구약성서의 이해와 맥을 같이한다. 하나님은 창조자시며 법을 만드셨고 다스리시며 심판하신다. 세상을 염려하시고 주관하시며 만물에게 생명을 주시고 보존하신다(마 6:25~34). 이 창조자의 뜻에 인간과 세상은 맡겨져 있으며 인간은 신뢰와 순종으로 그분과 함께한다.

그분은 세계를 위해 염려하시고 간섭하시며 새를 기르시고,

꽃도 가꾸신다. 그분의 뜻이 아니고는 참새 한 마리도 지붕에서 떨어지지 않는다. 그분은 우리의 머리털까지도 일일이 세어 아신다(마 6:25~34). 그래서 인간들이 자신의 인생을 스스로 보장받기 위해 재물을 모으며 불안해하고 염려하고 초조해하는 것은 의미가 없다. 이 창조자의 뜻에 인간이 맡겨져 있기 때문이다. 인간은 자기의 키를 한 치도 더 크게 할 수 없고 머리털 하나도 희게 혹은 검게 할 수도 없다(마 6:27).

그러나 창조 신학이 말하고자 하는 것은 하나님은 멀리서 세상 위에 군림하며 힘으로 통치하시는 존재가 아니라는 것이다. 인간이 하나님을 멀리하며 그의 간섭하심을 거부하더라도 하나님은 언제나 가까이 다가오신다. 그분은 모두를 보호하시고 모든 사람에게 명령하시며 모든 사람에게 요구하시는 분으로서 인간의 현재를 결정하는 힘의 의지 자체다.

구약성서에서 하나님은 초월적 존재지다. 구약성서에서 하나님은 볼 수 없는 분이다. 감각 기능으로 볼 수 없기 때문이 아니라 하나님은 보이는 것을 원치 않으시고 보여서도 안 된다. 그를 보면 인간은 죽는다. "기드온이 그가 여호와의 사자인 줄을 알고 이르되 슬프도소이다 주 여호와여 내가 여호와의 사자를 대면하여 보았나이다 하니 여호와께서 그에게 이르시되 너는 안심하라 두려워하지 말라 죽지 아니하리라 하시니라(삿 6:22~23)." "우리가 하나님을 보았으니 반드시 죽으리로다(삿 13:22)." "화로다 나여 망하게 되었도다 나는 입술이 부정한 사람이요 나는 입술이 부정한 백성 중에 거주하면서 만군의 여호와이신 왕을 뵈었음이로다(사 6:5)."

하나님을 본다는 것은 하나님을 포착할 수 있는 어떤 대상으로 본다는 뜻이기 때문에 하나님을 본다는 말은 하나님을 접근 가능한 어떤 대상으로 환원시키는 것이다. 하나님을 우리가 마음대로 할 수 있는 어떤 대상으로 포착할 때 하나님은 하나님이 아니라 인간과 같은 물체적 존재로 환원된다.

하나님의 불가시성은 곧 그의 신성이며 접근 불가능성이며 초월성이다. 하나님을 볼 수 있다는 것은 하나님 앞에서 자기를 유지할 수 있고 당당하게 맞상대할 수 있다는 뜻이다. 그러나 인간은 결코 하나님을 볼 수 없고, 그런 의미에서 하나님은 포착될 수 없다. 인간은 하나님을 두려워하며 경외할 수 있을 뿐이며, 인간은 오직 하나님께서 그에게 말을 걸어오실 때만 그분의 말씀을 들을 수 있다. 그런 의미에서 성서는 언제나 듣는 것이다. 성서를 통해서 하나님께서는 지금 말 걸어오시며 인간은 그 말 걸어오심을 듣는다. 듣는다는 것은 곧 순종한다는 뜻이다.

본다는 것은 정지된 상태에서 거리를 두고 대상에 대해서 이렇게 저렇게 판단하며 자기 나름대로 평가한다는 뜻이다. 인간은 하나님을 객체적 대상으로 이렇게 저렇게 평가하며 분석할 수 없다. 그러나 그분의 말씀을 듣는다는 것은 그분의 뜻을 듣는다는 것이며 그 들음은 이론적인 것이 아니다. 그것은 말씀하시는 자의 의지와 그 요구에 대해 순종하는 들음이다. 순종하지 않는 들음은 듣는 것이 아니다. 그래서 그의 뜻에 순종한다는 것은 이론적 학문을 통하여 알게 되는 깨달음이 아니다. 그것은 곧 그분의 의지와 요구를 체험하는 것이다. 인간이 하나님을 두려워한다는 이 두려움은 불안이나 절망이 아니라 그분에 대한 존중, 즉 경외를 말한다.

이러한 초월적 존재에 대한 구약성서의 이해로부터 출발하여 예수께서는 그 당시 유대교의 율법주의에서 하나님에 대해 잘못 이해된 부분을 찾아내셨다. 예수께서는 하나님의 뜻과 명령을 제의 의식을 지키는 것으로 종합하는 것을 거부하셨다. 예수께서는 하나님과 인간의 관계가 제의로 종합될 수 있는 법적 관계가 아니라는 것을 선언하셨다. 하나님은 오히려 자신의 뜻에 철저하게 순종할 것을 요구하셨고 제의뿐 아니라 제의를 포함한 인간 전부를 요구하신다고 말씀하셨다.

그래서 '옛 사람에게 말한 것을 너희는 들었지만 나는 너희에게 이렇게 말한다.'라는 후렴구가 복음서에 자주 등장한다. 중요한 것은 인간의 어떤 개별적인 행동이 아니라 인간의 행동을 지배하는 인간의 의지 그 자체다. 그렇기 때문에 하나님에 대한 순종은 전인적인 의미에서 이루어져야 한다. 여기에서 제의를 통한 개체 행위가 아니라 하나님의 의지와 그 의지에 부합하는 인간의 전인적 의지가 요구된다. 그래서 하나님의 부르심에 대한 순종은 의지와 의지의 만남이며 이 만남은 동등한 만남이 아니라 하나님의 의지에 대한 인간의 의지의 순종을 의미한다.

인간은 하나님의 부르심에 대해 핑계 대며 불만스럽게 볼멘소리를 할 자유가 없다. 인간은 스스로 자신이 살아가는 삶 전체에 대해 책임을 져야 할 뿐 자신의 공로에 대한 권리를 주장할 수 없다. 하나님은 의무를 다한 사람에게 품삯을 줄 것이다. 그러나 인간은 자신이 행한 선한 일에 대해 자랑하며 그것에 대한 대가를 바랄 수 없다. 자신의 선행을 미리 계산한다면 그것은 행위의 의도가 불순한 것이다. 만일 인간이 자신의 공로를 통해 하나님으로부터 보상을 기대한다면 그가 행한 선한 일이 이미 자신을 위한 것이므로 거절될 것이다.

그렇기 때문에 인간의 계산으로 하면 먼저 된 자가 하나님의 구원 역사에서는 나중 될 것이다. 하나님의 뜻을 미리 자신의 보상 사상에 집어넣는 것을 하나님께서는 거부하신다. 그것은 인간의 오만이며 그런 인간의 오만을 하나님은 혐오하신다. 하나님의 은혜는 인간이 계산하며 헤아릴 수 있는 성격의 것이 아니다.

그래서 예수께서는 구약성서에서 말하는 하나님의 의지와 초월성이 인간의 삶 속에서 어떻게 실현되는가를 간결한 호칭으로 보여 주신다. 예수 당시 유대 기도문 서두는 화려한 하나님 칭호로 수식되어 있다(아브라함의 하나님, 이삭의 하나님, 야곱의 하나님, 지고의 하나님, 천지 창시자, 우리의 방패 그리고 우리 조상의 방패 등). 그러나 예수께서는 이 호칭을 간결하고 단순하게 만들어 '아버지'라고 말씀하신다. 이 표현은 아주 단순하고 함축적이다. 호칭이 간결해짐으로 인해 요청도 단순해진다. 하나님의 뜻은 간결한 만큼 요구하는 자로서의 하나님도 가까워진다. 화려한 서술어와 은유로 풍성한 존칭을 통해 율법과 전통이 차단해 놓은 하나님과의 관계가 예수의 단순한 호칭 속에서 직접적으로 오롯이 살아난다.

유대인들은 제의 의식을 통해 하나님을 만나고자 했지만 하나님과의 만남은 제의 의식 때문에 오히려 막히는 결과를 가져왔다. 왜냐하면 하나님은 우리의 어떤 행위가 아니라 우리 자신을 만나고 싶어 하시기 때문이다. 예수께서는 바로 이 문제를 직시하신다. 화려한 존칭과 허례허식을 통해 가로막힌 하나님과의 직접적인 만남이 새롭게 지적되었다.

율법학자들은 하나님 나라를 사람들 앞에서 오히려 막는다(마 23:33). 화려하고 장황한 긴 회개 기도는 필요하지 않다. "가슴을

치며 이르되 하나님이여 불쌍히 여기소서 나는 죄인이로소이다(눅 18:13).”라고 하는 것만으로도 충분하다. 탕자가 아버지의 아들이라 일컬음을 감당하지 못하는 것(눅 15:21)과 같은 진실한 회개는 은혜를 입고 또다시 같은 행동을 반복하게 하지 않는다. 은혜의 은사는 오로지 주시는 자에게 달려 있다. 인간은 오로지 회개만 할 수 있을 뿐이다.

인간이 현실에서 할 수 있는 일은 하나님의 의지, 하늘에서 뜻하시는 것, 그것을 땅에서 실천하는 것 외에는 없다. 그래서 예수께서는 자신의 수난에서 “아버지의 원대로 되기를 원하나이다(눅 22:42).”라고 말씀하셨다. 이미 예수 당시 유대교에서도 ‘하나님의 뜻을 행하라.’는 말은 자주 있었다. 그러나 하나님의 뜻이란 기록된 율법과 동일한 것은 아니다. 더구나 율법을 해석하는 전통과 동일한 것은 더더욱 아니다.

유대인들은 하나님의 뜻을 율법과 그 해석으로 동일시했고 그 결과 율법을 하나님의 뜻으로 점점 더 고정시키고 경직시켜 나갔다. 율법이란 하나님의 뜻을 알려 주지만 그 율법을 교묘하게 이용하면 하나님의 뜻이 가려지는 수단이 될 수도 있다.

율법을 지킨다는 것은 언제나 인간들로 하여금 안심하게 한다. 무엇을 지켜야 하는지를 알려 주기 때문이다. 언제나 율법대로만 지켜 나가면 부담스럽긴 해도 더 고민할 필요는 없고 편리하다. 명령되어 있는 것만 행하고 금지된 것은 행하지 않으면 된다. 적극적 선행이란 필요치 않다. 왜냐하면 요구된 조항들만 잘 지키면 빠져나갈 구멍은 얼마든지 열려 있기 때문이다. 지침대로 선행을 베풀면 된다. 마음까지 줄 필요는 없다. 나는 나대로 살고 선행은 선행대로 하고 여유도 생기고 나의 선함을 치장하며 멋을 부릴 수도 있다. 그리고 인간들은 명령된 것들을 잘 수행했다는 자부심 때문에 종교적 공적을 쌓아 가며 자신을 드러내느라 경쟁할 수 있다.

그러나 어떤 율법도 인간이 행할 수 있는 모든 가능성을 고려해서 인간이 행해야 하거나 행해서는 안 되는 것들을 법조문으로 규정할 수는 없다. 법으로 규제하면 할수록 빠져나갈 수 있는 구멍도 더 많아진다. 금령이 늘어날수록 결정적으로 중요한 것들은 감추어진다. 정작 해야 할 많은 것들도 해당 규정이 없으면 당당하게 하지 않아도 된다. 그래서 아무것도 강제할 수 없게 된다(눅 10:31~32).

결국 하나님의 뜻으로서의 율법의 권위도 그것을 지키려는 순종도 온전한 인간 자신에게 해당되지 않고 겉으로만 예의를 지키듯 형식적이 되었다. 온 정성을 들이지 않고 가슴 아픈 유대감 없이도 선한 일들은 얼마든지 할 수 있다. 하나님께서 이스라엘 민족에게 보였던 이 유대감(인애)을 이스라엘은 놓쳤다.

시간이 가면서 살아 계신 하나님의 뜻이 갈수록 형식화된 제의 의식으로만 굳어졌다. 따라서 하나님이 뜻이 경건하게 예배 의식에서 고정되고 경직된 율법주의가 되어 더 이상 인간 자체를 규정하지 못하게 되었다. 이 율법주의 속에서 하나님의 살아 있는 명령과 인간의 순종 모두가 빠져 버리게 되었다.

법으로 정하는 요구는 내가 나의 의무를 다 했는가 정확히 알게 하고, 그것을 실천한 인간이 당당해질 수 있게 만든다. 마찬가지로 지키는 자는 지키지 못하는 이웃을 비난할 수도 있게 한다. 그래서 이룬 자들은 자신들의 일을 공적으로 추산할 수 있고 상당한 공적을 이루었다면 또 그에 상응하는 보수도 기대하게 된다. 결국 하나님의 선물로서의 구원이 인간 스스로 당당하게 이룰 수 있는 어떤 이상적 목표가 되었다. 여기에서 인간의 노력과 성공이 목표가 되는 어긋난 업적주의, 즉 공적 사상이 생겨나기 시작했다.

예수께서는 율법 자체가 아니라 율법이 벗어나야 할 율법주의, 즉 율법을 지킴으로 할 일을 다 한 것처럼 자신의 업적 속에 숨어버리는 하나님과 타협하려는 자세를 지적하신다. 예수께서는 인간이 율법을 이용하여 자신의 당당함을 주장할 수 있는 가능성, 즉 하나님의 뜻에 대한 순종 요구로서의 율법의 참뜻을 회피하는 것을 용납하지 않으신다. 그런 의미에서 예수께서는 유대인들이 스스로 가지고자 했던 공로를 인간의 손에서 빼앗아 하나님께 되돌려 드렸다.

인간이 복종해야 할 것은 단순히 율법이 아니라 하나님의 의지, 즉 하나님 자신이다. 그래서 예수께서는 생활 영역을 위한 규범이나 지침을 새로 제시하지 않으셨다. 예수께서는 새로운 법을 창시하신 입법자가 아니셨다. 그분은 단지 인간 각자에게 자기 자신을 하나님의 의지에 맡길 것을 요구하셨다. 여기에서 개인의 책임이 다시 살아난다. 구원은 단체로, 이스라엘의 민족에 속한다는 이유만으로 보장받을 수 없다. 이미 세례 요한에게서 볼 수 있듯이 "하나님이 능히 이 돌들로도 아브라함의 자손이 되게 하시리라(눅 3:8)."

예수께서는 인간은 하나님께 자기 자신 전부, 온 사람, 온 실존을 고스란히 맡겨야 하는 존재라는 사실을 일깨워 주신다. 그러한 요구를 우리는 산상 설교에서 잘 볼 수 있다. 예수께서 요청하신 것은 경건한 열광이나 순수한 내면성이 아니라 인간이 자신의 자세와 행동에 있어서 하나님의 뜻에 대해 전인적으로 순종하며 합일하는 것이었다.

그런 의미에서 예수께서는 오늘도 우리에게 겉으로는 순종하고 내면으로는 당당한, 그래서 구원까지도 자신의 노력으로 쟁취하려는 비밀스런 불순종을 고발하신다. 하나님 앞에서는 오직 전인적 순종만 있을 뿐 구원은 하나님의 것이다. 다른 핑계는 없다.

2) 가르침

예수의 선포와 말씀 가운데에서 가장 중요한 선언으로 인정되고 있는 산상 설교는 중요한 만큼이나 다양한 해석의 역사를 지니고 있다. 산상 설교는 인류가 지닌 가장 최고 단계의 도덕률이다. 그렇기 때문에 지금까지도 자주 일반 세속 사회에서조차 인용하기를 좋아하는 보편적인 인간 품격의 규범이다.

오른뺨을 맞게 되면 왼뺨도 돌려대야 하고, 속옷을 뺏는 자에게 겉옷까지 자발적으로 내어 주어야 하며, 원수까지도 사랑하고 그를 위해 기도해야 한다는 이 말씀은 우리가 감당하기에는 어렵고 무시하기에는 너무 강력한 힘을 갖고 있다. 만일 우리가 정직하다면 이 말씀 앞에서 언제나 말씀대로 살지 못함을 고백할 수밖에 없다.

산상 설교의 말씀들은 극단적이고 철저하다. 오늘날 우리의 현실은 각박하다. 살기 위해 다툴 수밖에 없는 경쟁 시대에 성공이란 다른 사람들을 이겨야만 가능하고, 성공 지상주의가 교회에까지 침투해 들어와 있다. 이 시대 우리에게 산상 설교의 이 말씀들은 정신적 혼란을 야기시킬 수도 있다. 일등이 아니면 살아남지 못한다고 하는 회사나 일류가 아니면 실패한다는 위기감 속에서 밤을 새우고 노력하는 분위기에서 원수를 사랑하고 속옷뿐 아니라 겉옷까지도 주라는 말씀은 어느 선까지 우리에게 유효한가를 묻지 않을 수 없다.

경제가 모든 것을 지배하며 거의 광기를 부리는 시대에 대중매체는 열심히 벌어서 열심히 쓰고 성공과 승리가 지상 최대의 목표라고 세뇌시키며 대중의 의식 세계를 원하는 대로 이끌고 있다. 교회 또한 이러한 세속의 영향에서 자유롭지 못하며 엄청난 세속적 욕망이 고스란히 교회를 침범하고 있다.

그러나 우리는 예수께서 지금도 살아서 역사하시며 산상 설교 역시 지금의 우리에게 살아 있는 말씀이며, 현재 우리의 삶을 규정해 준다고 믿는다. 그렇다면 도대체 현실적으로 지킬 수 없는 말이라고 우리와 무관하게 내팽개칠 수도 없고 그냥 거룩한 명령일 뿐 현실 세계에서는 적용하기 어렵다고 말하며 회피할 수는 없다.

산상 설교는 먼저 축복 선언(마 5:3~12; 비교. 눅 6:20~23)으로 시작된다. 이 설교문의 제일 앞에 축복이 선언된다는 것은 중요한 의미를 갖는다. 이 축복 선언은 산상 설교 전체의 성격을 규정짓는다. 왜냐하면 산상 설교는 윤리적 가르침으로만 볼 수 없기 때문이다. 축복의 선언은 산상 설교를 윤리적 가르침의 성격을 넘어서서 구원의 선포로 만들기 때문이다. 이 말씀을 듣는 자들은 이미 모두 하나님 앞에 불려 나와 있다.

축복문은 먼저 그 말씀을 듣는 자들의 현실 정황을 일일이 열거한다. 그들은 지금 가난하고 슬퍼하고 있다. 그러나 그들의 가난과 슬픔은 일시적인 것이다. 그 가난과 슬픔은 세상이 준 것이고 하나님께서는 위로와 천국을 주신다. 이 위로와 천국의 약속은 우리를 울게 만들고 우리를 배고프게 하는 모든 세상의 억압에서 지금 해방시키고 있다. 하나님의 말씀을 듣는 자들에게 더 이상 세상의 부조리가 위세를 떨치지 못한다. 세상의 세력은 하나님의 이 축복 선언 앞에서 힘을 잃는다.

그러나 이 선포의 성격을 잘못 이해하면 가난한 자들을 부유케 하자는 운동은 하지 못할지언정 오히려 그들로 하여금 자신들의 가난을 숙명인 양 있는 그대로 받아들이라는 권고로 생각하기 쉽다. 그래서 그것을 잘못 이해해서 성서의 말씀들이 기득권 세력을 옹호하고 오히려 그들의 세력을 정당화시키고 지탱시켜 준다고 오해한다. 이러한 오해는 하나님의 말씀의 성격을 잘못 이해한 데서 오는 엄청난 왜곡이다.

하나님의 말씀의 성격은 발설되는 순간 사건으로 일어난다. 그래서 그 말씀을 듣는 자들은 그 말씀의 빛 안으로 들어오고 지금까지 억압해온 일상의 고통으로부터 벗어나게 된다. 이것은 하나님의 말씀이 세상의 것들과 견주어 훨씬 더 좋은 말씀이라는 뜻이 아니다. 하나님의 말씀은 인간의 말이 아니라 전혀 다른 세상의 말씀이다. 그 말씀은 자유롭게 하는 능력을 갖고 있고 그 말씀은 인간들을 질곡에서 해방시키는 힘을 가진 명령어다.

이미 하나님의 통치가 시작되었다. 이 말씀을 들음으로 인해 그들은 이미 하나님 나라로 옮겨졌다. 그래서 온유할 수 있고 그래서 의에 굶주릴 수 있다. 부자 청년이 최선의 노력으로 율법을 지켰지만 부족한 한 가지가 있었으니 "사람으로는 할 수 없으되 하나님으로는 그렇지 아니하니 하나님으로서는 다 하실 수 있느니라(막 10:27)." 현실에서는 불가능한 일들이 하나님 앞에서 가능하게 하는 능력을 부여받았다.

그렇기 때문에 그들은 온유해야 하며 그들은 목마른 자들이 물을 찾듯 의로움을 찾아 나서야 하며 자비가 필요한 곳에서는 언제나 자비를 베풀어야 한다. 마음이 깨끗해야 하며, 평화를 이룩해야 한다. 그들은 예수 때문에 핍박을 받고 마지막 때에 구원을 얻는다는 약속 아래로 초대된다.

이 말씀은 새로운 세계를 설계하며 새로운 법을 만들고 제도적 장치를 마련하여 새 나라를 건설하겠다는 계획서가 아니다. 오히려 현재 그들이 처해 있는 삶의 정황이 시간과 공간 안에서 새롭게 이해되고, 이미 하나님의 통치 아래 놓여 있다는 사실이 환기된다.

지금 고통받는 자들은 그들의 공적이나 업적과 관계없이 현재에 간섭하시는 하나님의 주권 아래에 들어온다. 어떠한 도덕 목록이나 선행도 하늘나라에 들어가기 위한 입장 조건으로 요구되지 않는다. 현재 있는 그대로의 상황에서 예수님의 부르심과 동시에 하나님과 인간이 만나게 된다.

그들이 받게 될 상은 하늘나라며, 위로고, 땅이며, 배부르게 되며, 자비를 받게 되고, 하나님을 뵙게 되고 하나님의 아들들이라 일컬어지며, 하나님과 함께하는 것이다. 그들은 이미 복되다. 이 말씀들은 미래에 있게 될 환상적인 어떤 때를 예고하는 것이 아니다. 그들은 축복의 선언을 듣는 그 순간 이미 그 축복 안에 옮겨진다. 왜냐하면 하나님의 말씀의 특징은 발설되는 순간 사건으로 일어나기 때문이다. 예수님의 이 축복 선언은 이미 현존재를 변화시켰다. 그는 더 이상 이전의 존재가 아니다. 이 말씀을 듣고 하늘나라와 땅이 이미 상속되었고 하나님을 뵙게 되었다.

아직 아니라고 말한다면 그는 그 말씀을 듣지 않은 것이다.

이 축복 선언은 현실의 삶의 정황을 새롭게 변이시키는 계시의 말씀이다. 이 선언은 인간들의 삶을 새로운 창조 세계 속에 새롭게 정립시키고 있다. 마지막 때의 축복을 선포하는 계시자의 말을 듣는 인간들은 자신들의 고난과 어려움 속에 폐쇄되어 있던 삶을 새로운 미래를 향해 열 수 있는 가능성의 능력을 부여받는다. 예수께서 가진 권위는 구약성서가 말하는 그런 권위 이상이다. 그래서 예수께서는 "너희는 이렇게 들었으나 나는 이렇게 말한다."라고 하시며 자신의 말에 절대적 권위를 부여하신다. 이 권위는 하나님의 말씀은 선포되는 순간 사건이 되어 일어나는 그러한 권위다.

창조 시에 하나님께서 "빛이 있으라."고 하자 빛이 있었던 것처럼 "가난한 자는 복이 있다."는 선언은 미래의 계획을 위한 묵시적 언어가 아니다. 신적 권위의 말씀으로 예수의 축복 선언은 곧바로 축복의 현실화를 일으킨다. 그렇지 않다면 예수 역시 다른 선지자들과 다르지 않을 것이다. 그러나 계시자로서의 예수는 말씀의 권위를 가진 자로 믿어졌다.

예수를 따르는 자들의 삶이 소금과 빛으로 규정지어지면서 율법에 의한 의의 삶과 비교된다. 새로운 삶의 현장으로 옮겨진 새로운 존재들의 의는 서기관들과 바리새인들의 의보다 더 나은 의를 이루어야 한다(마 5:17~20). 새로운 의는 여섯 가지의 대립명제(마 5:21~48)로 설명된다. 율법에 대한 유대교의 경직성이 새롭게 조명되며 율법의 원래 정신이 되살아난다.

그런 의미에서 예수께서는 '율법이나 예언자를 폐하러 온 것이 아니라 오히려 완전하게 하러 왔음'을 선언하신다(마 5:17). "살인

하지 말라."는 율법의 법조문을 넘어서서 화를 내는 것과 마음에 두는 것조차도 금지된다. 왜냐하면 살인과 노함은 행위 자체의 경중의 문제가 아니라 하나님으로부터 벗어났다는 같은 원인에서 온 것이기 때문이다.

예수께서는 지금까지의 법적 해석을 뛰어넘어 자기 자신이 가진 권위에 근거하여 하나님의 뜻을 선포하신다. 이로써 예수는 율법의 모든 명령을 새롭게 해석하시며 법 뒤에 숨어 있는 인간을 하나님의 부르심 앞에 세우신다. 인간은 법 뒤로는 숨을 수 있으나 하나님 앞에서는 숨을 수 없기 때문이다. 창세기에서 아담을 부르시고 가인을 부르시는 부르심이 그대로 여기에서도 들려온다.

이어서 예수께서는 하나님 나라에서 살아가는 자들의 기본자세에 대한 예시를 제시하신다. 그것은 바로 사랑의 실천이다. 사랑의 적극성은 소극성을 거부한다. 사랑할 만한 이웃을 사랑하는 데 그치지 않고 사랑할 수 없는 원수를 사랑하고, 자신들을 박해하는 자들을 위해 기도해야 한다. 얼핏 과도한 열광주의나 비현실적인 요구처럼 들리는 이 말씀은 그 자체가 바로 사랑의 무제한성에 대한 요구며 그것에 대한 근거로서 하나님의 무한하신 사랑을 제시한다.

하나님께서는 태양을 악한 사람이나 선한 사람이나 막론하고 누구에게나 골고루 비추시며, 비 또한 마찬가지로 의로운 자와 불의한 자에게 가리지 않고 골고루 내리신다. 이것은 하나님의 온전함이며 이러한 온전함을 예수를 따르는 자들이 이루어야 한다.

이 온전함은 인간이 도덕적인 훈련과 종교적 경험에 의해 얻을 수 있는 무결점의 완전함을 의미하지 않는다. 인간의 절제를 통한 노력으로 도달할 수 있는 도덕성도 아니다. 오히려 전인적이고 분열되지 않은 하나님을 향한 전적인 순종에서만 가능하며, 하나님께서 이스라엘에게 보여 주신 바로 그 인애를 회복하는 데에서만 가능하다. 사랑은 하나님이 인간에게 관심을 기울인 것처럼 그렇게 인간이 하나님께 관심을 기울여 몰두할 때 '하게 하시는 이에 의해 할 수 있는' 구원의 은사다.

원수를 사랑하고 박해하는 자들을 위해 기도하라는 요구에서 원수와 박해하는 자들은 이념적 차원을 넘어서는 인간애를 말해준다. 예수는 율법을 극복하면서 종교적 관용의 길을 열어 놓는다. 종교가 인간을 억압할 수 없다. 종교는 인간을 자유롭게 하는 데에 존재 이유가 있다. 왜냐하면 종교는 세상의 억압으로부터 해방시키는 부름이기 때문이다.

자선과 기도와 금식 등과 같은 제의 의식(마 6:1~18; 비교. 눅 11:2~4)들은 유대교에서 중시하던 것이며 또한 개인의 의를 이루는 수단이기도 했다. 이러한 유대적인 종교적 업적들을 예수는 위선으로 평가한다. 인간 자신의 온전함이 들어 있지 않은 제의 의식의 개별 행위들은 이미 구약성서에서 예언자들이 그 문제점들을 지적했다. 인간은 하나님 앞에서 자신의 어떤 선행이 아니라 자기 자신을 드려야 한다.

인간 자신이 그 안에 들어 있지 않은 형식적인 순종은 무의미하다. 하나님께서는 인간 행위의 그 무엇이 아니라 인간 자신을 원하신다. 주기도문은 바로 이러한 모든 종교적 열광과 내용이 없는 형식을 거부하며, 제의 의식으로 타협해 버리는 인간 내면의 불성실함을 고발한다. 그것은 하나님 앞에서 타협은 없다는 선언이다.

하나님 나라가 임할 것과 하나님의 뜻이 하늘과 땅에서 이루어지는 것은 하나님의 의지 앞에서의 온전한 순종을 의미하며 이러한 순종은 일상의 어려움이 하나님의 종말적 계획 안에서 극복될 수 있다는 것을 말해 준다. 이렇게 일상의 고통을 극복하는 것은 전적으로 하나님의 은혜에 의해서만 가능하다. 이 은혜가 곧바로 인간으로 하여금 하나님께 '받아들여진' 죄인으로 다시 하나님 앞에 설 수 있게 한다. 하나님이 인간들을 용서하심으로써 인간들은 그 용서 안에서 이웃을 용서할 수 있다. 용서 안에서의 삶, 이것은 바로 마지막 때를 미리 맛보는 삶이다.

그렇기 때문에 그리스도인들의 삶은 일상에 짓눌리는 삶이 아니라 일상의 근심에서 벗어나 하나님의 미래를 향해 개방되어 있는 삶이다(마 6:19~34). 이러한 미래를 향해 열려 있는 삶은 남을 비판하지 않는다. 아버지에 대한 신뢰를 바탕으로 살아가면서, 형제의 허물을 문제시하지 않고, 남에게 대접받고자 하는 대로 남을 대접한다(마 7:1~12). 좋은 나무가 아름다운 열매를 맺듯이 종말에 직면하여 인간들의 삶은 새로운 의에 의해 규정된다(마 7:13~27). 산상 설교는 이러한 예수님의 선포에 대해, 권세가 있고 서기관들의 가르침과 다르다는 군중의 반응과 함께 끝난다(마 7:28~29).

이처럼 산상 설교는 새로운 의무를 나열하는 것으로 시작하지 않고 행복을 선언하면서 시작한다. 인간들이 처해 있는 현실 그 자체에 축복이 선언되면서 먼 미래적 묵시적 기대가 다시금 새롭게 현실이 된다. 그래서 "수고하고 무거운 짐 진 자들아 다 내게로 오라 내가 너희를 쉬게 하리라(마 11:28)."가 타당성을 갖는다.

산상 설교에서 예수께서 말씀하시고자 하는 것은 하나님 나라며, 하나님의 뜻의 실현이다. 그러나 창세기에서 이미 보았듯이 인간들은 하나님의 부르심을 마음대로 피하려고 한다. 인간이 순종해야 하는 것은 율법이 정하는 규례나 규범이 아니다. 인간은 하나님의 부르심에 응답해야 하고 인간이 서 있는 곳에서 그 부르심을 듣고 자신의 현존재를 통해 응답해야 한다. 예수께서는 하나님의 부르심 앞에서 언제나 변명하며 빠져 나가려고 하는 인간의 타협성을 문제로 제기하고 있다.

예수님의 요청은 바로 율법을 하나님의 뜻으로 새롭게 해석한 것이다. 예수님의 요청은 철저하다. 오른뺨을 얻어맞으면 참고 넘기라고 하지 않고, 다른 뺨을 내어 주는 적극성을 요구한다. 십 리를 가자고 한다면 오히려 이십 리를 더 가주어야 한다고 요구한다. 인간의 한정된 마음을 요구하는 것이 아니라 온전한 전부를 요구한다. 일시적, 개별적인 선한 행위가 아니라 선한 의지 전체를 온전히 요구한다. 간음이나 살인만이 금해지는 것이 아니라 율법이 금할 수 없는 그 이상의 단계인 음란한 생각이나 욕설, 불량한 생각조차도 하나님 앞에서 감출 수 없음을 선언한다. 인간의 윤리적 도덕적 행위 각각이 요구되는 것이 아니라 전체로서의 인간이 요구된다.

그러면 이러한 요구가 어떻게 가능할까? 그것은 바로 하나님의 선행행위에 근거를 둘 때에만 가능하다. 먼저 용서하셨고 먼저 구원하신 하나님의 구원 행위에 근거를 두고 있는 예수의 요구는 용서를 받았기 때문에 용서할 수 있고, 사랑 안에 있기 때문에 사랑할 수 있다고 말하는 것이다. 산상 설교는 바로 이러한 하나님의 선행 행위를 선포하며 그 행위 안에 인간들을 불러 세운다.

산상 설교에서 예수가 선포하는 하나님의 선행 행위는 바로 인간에 대한 하나님의 관용이다. 악인에게나 선인에게나 골고루 해를 비추시고 비를 내리시는 하나님은 법 이상의 법을 보여 주신다. 원수를 사랑하라는 선포는 바로 적대자 앞에서야말로 참 사랑의 본성이 드러남을 보여 준다.

하나님이 인간의 삶에 간섭해 오면서 죄인인 인간은 용서 아래에서만 하나님 앞에 설 수 있다. 회개는 하나님과의 만남이 일어나는 것을 말한다. 인간들이 자신의 마음의 움직임이나 감동으로 죄를 고백하고 잘못을 뉘우치는 것이 회개가 아니라 하나님 앞에 온전히 서는 것이 회개다. 인간은 하나님이 구원을 약속하심으로써 용서할 준비가 되어 있는 삶 속으로 옮겨지게 되고, 이러한 삶 속에서 이웃의 용서가 가능해지며 원수에 대한 사랑도 가능해진다.

따라서 산상 설교를 통해서 예수께서는 새로운 법이 아니라 법을 뛰어넘는 하나님의 새로운 창조를 선언하신다. 우리는 산상 설교의 내용들을 글자 그대로 법조문으로 읽어서는 그 원래의 뜻을 이해할 수 없다. 그것은 법제화된 사회, 인간성이 법의 노예가 되어 있는 세상으로부터 인간들을 해방시키는 자유의 선언인 것이다. 이 선언은 우리로 하여금 먼 미래가 아니라 지금 '하나님과 함께' 한다는 사실을 깨닫게 한다.

3) 기적의 본질

그리스도교는 기적의 종교라고 할 수 있을 만큼 구약성서와 신약성서는 기적에 관한 이야기들을 많이 담고 있다. 구약성서의 첫 이야기인 창세기의 창조 이야기는 말씀으로 우주가 만들어진 기적의 이야기며, 신약성서의 마지막 이야기인 요한계시록 역시 마지막 때의 기적을 그려 보인다. 이처럼 성서는 여러 종류의 기적에 관한 이야기들로 채워져 있다.

기적은 자연적인 사건, 즉 당연하다고 생각할 수 있는 인간들의 일상적인 삶과 구별되는 사건을 말한다. 그것은 늘 일상적으로 일어나는 사건이 아니며 보는 이들이 이전에는 경험하지 못했던 일들이다. 그래서 비밀스럽고 평범하지 않다는 느낌을 불러일으키는 사건들이다.

구약성서에서 하나님은 이 세상에서 일어나고 있는 일들, 즉 역사 안에서 일어나는 모든 사건들의 직접적인 원인이었다. 하나님은 자신의 계획에 따라 계속해서 세속 역사에 개입하시고 이 역사를 이끌어 가신다. 하나님은 자신이 필요하다고 느끼실 때는 언제나 특별한 방식으로 자신의 능력을 인간들에게 드러내신다.

이 특별한 방식으로 나타나는 사건이 바로 인간들의 눈에는 기적으로 이해된다. 옛 유대인들은 현대의 우리처럼 자연법칙 혹은 자연의 질서가 존재한다고 생각하지 않았다. 그들은 모든 것은 하나님께서 하시는 일이며 모든 역사의 원인을 하나님께 두었다. 기적으로서의 창조 이야기가 말해 주듯이 하나님의 창조 행위와 구원 행위가 인류 역사를 이끌어가며, 이 역사 속에서 특별한 방식으로 하나님이 간섭하실 때, 그것은 인간들에게 특별한 사건인 기적으로 다가온다. 인류 역사를 하나님의 구원사라고 볼 때, 기적은 구원의 표징이며, 하나님께서는 인간들의 고통 속에 직접 개입하시며 출애굽과 같은 사건으로 자신의 뜻을 관철시키신다.

신약성서 가운데 특히 복음서들에서는 예수께서 마귀를 쫓아내시고 많은 기적을 행하셨다고 전한다. 우선 예수께서 행하신 기적의 내용을 살펴보면, 예수께서는 폭풍을 잔잔하게 하셨으며(막 4:37~41), 바다 위를 걸으시고(막 6:45~52), 오천 명 또는 사천 명을 먹이기도 하시고(막 6:34~44; 8:1~9), 물고기 입에서 세금 바칠 돈을 얻기도(마 17:24~27) 하신다(이러한 기적들을 크게 나누어 자연 기적이라 하기도 한다).

또한 예수께서는 마귀 들린 자를 고치시고(막 1:21~28; 5:1~20), 악령에게 사로잡힌 아이를 구하시고(막 9:14~27), 소경을 보게 하시고(막 8:22~26), 혈루병 있는 여인과 회당장의 딸을 고치기도(막 5:21~43) 하신다(이러한 기적들을 치유 기적이라고 한다).

복음서들이 전해 주는 수많은 기적들이 현대적인 의미에서 과학적으로 가능하냐, 또는 역사적으로 진실하냐 하는 문제를 논한다는 것은 문제의 핵심에서 벗어나는 것이다. 왜냐하면 우리에게는 예수 당시의 사건 현장에 되돌아갈 수 있는 가능성이 없으며, 다만 1세기의 초대 교인들이 믿고 고백한 예수의 행적을 접할 수밖에 없기 때문이다. 그러나 분명한 것은 그 당시 시대상에 따라 예수께서 악마를 추방했으며 기적을 행하셨다는 사실이다. 우리는 그 당시 기적을 행한 이는 예수뿐만이 아니었다는 사실을 고대 문헌들에서 확인해 볼 수 있다(그리스도교 외의 문헌들에서도 이러한 사실들은 자주 발견된다).

그렇다면 예수께 기적은 어떤 의미였던가? 우리는 예수께서 말씀을 선포하실 뿐 아니라 그 말씀대로 행동하시는 분이란 것을 복음서를 통해서 알 수 있다. 예수께서는 이상적인 도덕론을 세운 철인이나 이상주의자가 아니라 자신의 삶 가운데에서 하나님의 뜻을 실현하셨고 그분의 말씀은 언제나 행함으로 실천되었다. 예수께서는 말씀과 행동으로 하나님의 현재하심을 드러내시며, 오고 있는 하나님 나라의 시작을 가져오신 분이시다. 그분이 선포하신 하나님 나라는 그분의 행위와 더불어 시작되었다. 예수의 기적은 바로 구원의 행위며, 마지막 때의 시작을 여는 동작인 것이다.

이러한 의미에서 예수께서 행하신 기적은 하나님의 구원이 예언자들이 예고한 대로 시작되었음을 분명히 보여 주는 징표다. 그렇기 때문에 그와 더불어 "맹인이 보며 못 걷는 사람이 걸으며 나병환자가 깨끗함을 받으며 못 듣는 자가 들으며 죽은 자가 살아나며 가난한 자에게 복음이 전파된다(마 11:5; 눅 7:22)."

공관복음서보다는 요한복음서에서 기적이 훨씬 더 중후하게 언급된다. 요한복음서에서 예수는 계시자로서 등장하시며 그분의 등장은 초세상적인 사건임을 말해 준다. 예수께서 행하신 기적은 메시아의 능력 내지는 신적인 권능을 드러내 준다. 유대인들은 여느 메시아에게 기대하던 대로 예수께도 기적을 요구하며 예수께서 스스로 그리스도임을 증거해 주기를 원한다(막 8:1~13; 마 12:28~29). 그러나 예수께서는 그들의 요구에 응하지 않으신다. 왜냐하면 계시자는 인간들의 요청으로 자신을 증명할 필요가 없기 때문이다. 계시는 인간적인 증거들을 댈 수 없는 성격을 갖는다.

믿기 위해서 어떤 기이한 일을 요구한다면 그것은 인간의 오만이다. 믿음이란 오직 믿을 뿐이며 믿는 대상과의 관계며 믿게 하는 수단으로서의 어떤 것을 필요로 하지 않기 때문이다. 인간이 신적 존재에게 스스로를 증명해 보이라고 하는 요구는 신적 존재를 인정하지 않으려는 도전이다. 율법을 잘 지킴으로 자신의 공적으로 하나님과 관계를 맺으려던 유대인들은 예수께서도 그들 앞에서 자신의 능력을 통해, 즉 기적을 통해서 증명하라고 요구한다. 그러나 예수께서는 그들의 요구를 거부하시며 기적의 본질이 놀라운 현상을 일으키는 개인의 능력이나 그것을 행하는 자의 신적 능력을 과시해 주는 것이 아니라는 사실을 깨닫게 하신다.

기적의 본질은 하나님과 인간이 만난다는 것에 있다. 예수 그리스도는 기적을 행함으로써 그 사건의 배후에 있는 원인이 되시는 하나님의 능력을 보게 해 주시며 인간으로 하여금 하나님을 만나게 한다. 따라서 예수께서 행하신 기적은 자신의 행위 배후에 있는 절대적인 하나님의 권능과 인간을 만나게 하는 사건이다.

그래서 예수께서는 그가 행하시는 표적을 보고 그를 믿는 것을 바라지 않으신다. 많은 사람들이 기적을 보고 예수를 믿게 되었으나 예수께서는 그들에게 마음을 주지 않으셨다(요 2:23~25; 4:48). 도마의 불신앙을 책망하시는 예수께서는 "나를…… 보지 못하고 믿는 자들은 복되도다(요 20:29)."라고도 하시고 "누구든지 나로 말미암아 실족하지 아니하는 자는 복이 있도다(마 11:6)."라고도 하신다.

그러면 왜 예수께서는 기적을 행하셨는가? 그것은 바로 예수께서 스스로 하신 말씀을 행위로 나타내시기 위해서였다. 예수께서 하신 '당신의 나라가 임하소서.'라는 기도가 현실로 실현되게 하시기 위해서였다. 그래서 예수께서는 "그러나 내가 만일 하나님의 손을 힘입어 귀신을 쫓아낸다면 하나님의 나라가 이미 너희에게 임하였느니라(눅 11 : 20)."라고 말씀하신다. 예수의 기적 행위는 하나님께서 시작하신 구원 행위의 현장을 보여 주는 것이다.

예수의 치유들과 귀신 축출은 고통에 사로잡혀 있는 불완전한 인간들을 완전한 인간으로 만든다. 그분은 자신의 도움을 필요로 하는 자들을 거부하지 않으신다. 기적은 바로 예수 안에서 활동하시는 하나님의 능력에 의해서 온전한 인간으로 회복되는 행위며 그것은 바로 '하나님 나라'에 합당한 자로 만드는 새로운 창조 행위다. 예수께서는 인간들을 완전하고 건강하고 청결하고 강하게 만드신다. 예수께서는 병든 자들을 고쳐 주시며, 어려운 상황에 처한 제자들을 구해 주시고 배고픈 자들을 먹이셨지만, 자신을 위해서는 기적을 보이기를 거부하신다(예수의 시험 기사: 마 4 : 1~10; 눅 4 : 1~13). 예수께서 행하신 기적의 의미는 바로 창조의 회복이며 동시에 구원의 시작이다.

예수께서 선포하신 하나님 나라는 내면의 평안이라든가 영혼에 한정되지 않고, 현재 인간의 삶 속에서, 사회적 관계 안에서 온전해진 인간과 관련되어 있다. 예수께서는 인간을 속박하고 비인간화하는 세력, 사회적인 모순들, 억압적인 권력 구조 또는 심리적 압박, 정신적 불안 등을 지배하는 악한 세력들을 하나님의 능력으로 극복하심으로써, 인간을 억압에서 자유롭게 하시는 하나님의 능력이 현재함을 보여 주신다. 예수께서는 기적을 행하심으로써 자신의 능력을 과시하시려는 것이 아니라 인간을 완전하게 피조물의 본래 상태로 회복시키심으로써 만물의 주인이신 하나님의 주권을 회복시키심과 동시에 인간성을 회복시키신다. 이것이 바로 기적의 본질적 의미다.

따라서 우리가 우리 스스로 신앙의 척도를 갖기 위해 기적을 요구한다면 그것은 잘못된 것이다. 하나님을 확증할 수 있는 척도를 찾는다는 것은 오히려 역설적으로 하나님에 대한 회의를 드러내는 것이다. 이것은 바로 기적을 도구로 하여 인간이 스스로 하나님을 판단할 수 있다는 오만이기 때문이다.

자연 과학과 의학이 발달한 현대에는 평범하지 않은 자연 현상들과 질병들의 원인을 악귀들의 작용으로 보지 않는다. 바람이 부는 것과 질병들이 생기는 원인을 귀신의 작용으로 이해하던 시대는 이미 극복되었다. 그러나 오늘날까지도 종교라는 이름 아래 갖가지 기적들이 일어나고 있다고 전해지며, 특별히 치유 기적은 세간의 관심사가 되기도 한다. 육체적, 정신적 고통에 시달리는 인간들은 예수께서 행하신 것과 같은 속 시원한 기적이 자신들에게서 일어나길 바라고, 또한 그러한 기적이 일어났다는 소문은 바람을 타고 떠돌아다닌다.

그러나 1세기의 세계관과 21세기의 세계관은 이미 엄청난 차이가 있다. 과학과 기술이 발달된 현대 사회에서 인간을 노예화하는 것은 이미 악마적인 존재가 아니라 악마라는 이름으로 총칭되는 모든 종류의 악을 말한다. 예수의 기적은 인간들을 이러한 모든 고통에서 해방시키는 하나님의 구원 행위 자체다. 그것은 인간을 억압하는 모든 것에서 해방시키며 육체적 고통에 국한되지 않고 세상적인 근심, 불안에서 구원하시는 하나님의 구원의 능력이다. 그래서 예수께서 행하신 기적은 인간이 고통으로부터 자유하도록 하나님 안에 옮겨 놓으신 구원의 시작이다.

예수는 인간들의 고통에 함께하셨으며 죽음의 공포로부터 인간들을 해방시키셨다. 이 점이 바로 예수 당시 기적을 행했던 다른 마술사들과 다른 점이다. 예수는 자신이 기적을 행하셨을 뿐 아니라 제자들에게까지도 기적을 행하는 능력을 주셨다. 이러한 신적인 능력이 사도들에게도 이어져 사도들에 의해 설립된 공동체에서 예수의 이름으로 기적이 일어난다.

그러나 이미 고대의 교부들은 교회의 가장 심오한 기적은 인간의 병이 치유된다는 것에서보다는 오히려 예상하지 못한 상황에서 죄 많던 과거를 청산하고 그리스도 안에서 새 삶을 얻게 되는 것에서 성령의 역사하심을 기적으로 보았다. 마찬가지로 원수조차도 사랑하게 하는 성령의 놀라운 능력이 그리스도인에게 임할 때 기적은 일어나고 있는 것이다.

기적은 인간이 자신의 계산에 의해 안전하다고 스스로 생각하며 스스로의 성벽을 쌓는 그 보호벽을 허무는 사건이다. 하나님의 현존하심을 드러내는 기적은 궁핍과 위험, 불안과 고통, 병, 죽음, 죄에 사로잡힌 인간을 해방시키며 자연과 역사의 운명을 지배하시는 하나님의 현재하심을 드러낸다. 인간을 구속하는 모든 억압에서부터 인간을 해방시키며 육체적, 심리적 고통에서 해방시키는 하나님의 의지가 인간에게는 기적으로 나타난다. 예수께서는 바로 이러한 기적을 행하시며 하나님 나라를 선취하셔서 살게 해 주셨다. 그 나라에서 이미 가난한 자는 복이 있는 것이다.

만약 우리가 개인적인 기복 사상으로 기적을 요구하고 믿음의 증거로 이용하려 한다면 기적은 거부된다. 하나님의 기적은 주술적 종교 행위가 아니다. 기적은 바로 하나님의 능력이며 그 능력은 우리로 하여금 이웃을 내 몸처럼 사랑할 수 있는 기적을 일으킨다. 그래서 신앙에서 나온 내면적인 변화가 치유의 외면적인 기적보다 더 강하다고 할 수 있는 것이다. 예수 그리스도께서 우리 인간들을 위해 기적을 행하신 사실뿐 아니라 하나님께서 그를 죽이시고 살리신 십자가와 부활의 사건에서도 우리는 기적을 본다. 마찬가지로 예수 그리스도의 가르침에 따라 살아갈 때 우리 그리스도인들에게 이미 기적은 일어나고 있는 것이다. 믿지 않는 자들의 눈에는 자연 질서에 따라 역사가 진행되지만, 믿는 자들은 어디에서나 하나님의 현존을 감지할 수 있다.

그런 의미에서 세속의 역사 속에 그리스도 공동체가 존재하는 것 자체가 기적이다. 본능이 지배하는 이기적인 세상에서 헌신적이며 이타적인 사랑의 공동체로서의 교회가 존재한다는 것 자체가 기적이며 그리스도인이 존재하는 것 자체가 기적이다.

부자 청년의 이야기(막 10:17-22)에서도 인간들은 하나님의 요구 앞에 회의적일 수밖에 없다. 모든 율법을 다 지켰다고 자부하는 청년에게 예수는 한 가지가 부족하다고 하신다. 그 한 가지는 "네게 있는 것을 다 팔아 가난한 자들에게 주라 그리하면 하늘에서 보화가 네게 있으리라 그리고 와서 나를 따르라."고 말씀하신다. 이 부르심 앞에서 인간은 슬퍼하고 근심할 수밖에 없다. 왜냐하면 극소수 외에는 그렇게 할 수 없기 때문이다. 그러나 예수께서는 하나님이 함께하실 때에 가능하다고 말씀하신다.

이웃을 위해 희생한다는 것은 인간으로서는 불가능하다. 내 것과 내 권리와 내가 가진 힘은 언제나 나를 위해서 쓸 준비가 되어 있다. 남을 위해 봉사하는 것은 누구나 할 수 있는 일이 아니다. 그러나 "사람으로는 할 수 없으되 하나님으로는 그렇지 아니하니 하나님으로서는 다 하실 수 있느니라(막 10:27)."는 이 말씀은 구약성서와 신약성서의 처음과 끝을 관통하는 주제다. '하나님이 하시는 일'이라는 이 주제를 우리는 기적이라고 표현한다.

사랑은 받아본 자만이 할 수 있다. 하나님의 무제한한 사랑에 붙들린 자만이 자신의 것을 포기할 수 있다. 내가 하나님을 사랑한 것이 아니라 하나님께서 나를 먼저 사랑하셨고 그 사랑을 나를 통해서 전하고 싶어 하신다. 하나님의 이러한 사랑의 역사가 바로 기적이다.

우리는 기적을 늘 기이하고 있을 수 없는 일이 일어나는 것이라고 생각한다. 그래서 불치의 병이 치유되고 자연법칙이 깨어지고 기이하고 특별한 현상이 일어나는 것에서만 기적을 보려고 한다. 그러나 기적은 그리스도인들의 일상의 삶 속에서 늘 일어나고 있고 또한 일어나야 한다. 인간적 차원에서는 도저히 생각할 수 없는 내가 가진 모든 것을 배설물로 여기듯 내 몫을 포기하고 이웃을 위해 사용할 수 있는 것이 기적이다. 왜냐하면 우리는 우리의 이기심을 포기케 하시는 하나님의 능력을 통해서만 이타적일 수 있기 때문이다. 그런 의미에서 이타적 사랑은 이미 기적이다. 이 기적을 하나님께서는 나를 통해 일으키고 싶어 하신다.

그래서 예수께서는 모든 종교적 관습을 다 지키고도 온전할 수 없다고 선언하신다. 온전한 자는 하나님의 사랑에 붙들려 그 사랑의 기적을 실현하는 자다. 우리는 이 기적이 나에게 일어날 수 있도록 준비해야 할 것이다.

2. 예수 영향의 역사

1) 케리그마

예수의 십자가 죽음으로 기대했던 메시아 사건은 실패한 것처럼 보였다. 그러나 그리스도의 부활을 경험한 후 흩어졌던 제자들이 모이고 제자들의 믿음이 시작되었다. 십자가에 돌아가신 예수께서 죽은 자들로부터 살아나신 부활을 믿는 믿음은 그들에게 있어서 과거에 함께했던 그 예수께서 하나님에 의해 주(퀴리오스)로 확인되셨음을 의미한다. 이런 믿음으로 모인 제자들은 마지막 때를 위하여 약속된 하나님의 영이 그들 가운데 이미 활동하고 계신 것을 체험한다. 부활하신 주에 의해 세워진 종말의 공동체는 부활의 주께서 영광 중에 곧 나타나실 것과 그와 함께 온 세상을 지배하시는 하나님의 통치가 시작되는 것을 체험한다.

역사 속 예수께서는 '기다려지던' 하나님 나라를 자신의 활동과 말씀 안에서 '이미 현재하는' 것으로 선포하셨다. 역사 속 예수 안에 현재하는 하나님 나라가 그분이 십자가에 돌아가시고 부활하심으로 인해 과거의 것으로 끝난 것이 아니었다. 오히려 십자가에 돌아가신 자가 높여진 그리스도가 되셨다. 역사 속 그 예수께서 부활하신 주가 되셨다는 이 선포가 바로 케리그마다.

갈릴리에서 시작된 구원의 역사가 예루살렘에서의 십자가에서 끝나는 것 같았으나 죽음이 극복되고 나사렛 랍비는 부활하신 자가 되시면서 그분은 구원을 가져오시는 자요, 하나님의 뜻을 성취하신 분이심이 드러났다. 시간과 공간 안에서 일어났던 부활이 우주적 차원으로 확대되면서 구원이 우주적 시공간으로 확장되었다. 이제 교회와 전승의 관심은 과거의 역사 속 그때가 아니라 지금 케리그마가 선포되는 현재가 되었다.

복음서는 과거의 역사를 말하며 예수께서 과거에 누구셨느냐를 선포하는 것이 아니라 지금 그가 누구이신가를 선포한다. 예수의 역사로서의 그때 그 과거는 오늘, 지금 우리의 구원으로 확장되었다. 역사적 예수께서 죽음의 과거를 뚫고 부활하신 자이시므로 전승 안에 있는 그의 말씀도 현재의 구원으로 선포된다. 예수의 과거의 말씀은 생생하게 살아서 지금 이 자리에서 폭발적으로 선포된다.

'예수가 그리스도'라는 케리그마는 지식을 전달하는 좋은 교훈이 아니라 현재 듣는 자를 의롭게 하는 사건으로서의 역동성을 갖는다. 이 선포 앞에서 우리는 믿느냐, 믿지 않느냐라는 선택 앞에 서 있다. 이 물음은 바로 창세기 전 역사에서 하나님께서 물으시는 "네가 어디 있느냐? 네가 무엇하느냐?"라는 물음과 맥을 같이한다.

선포는 단순한 어떤 사실에 대한 지식을 전달하는 것이 아니기 때문에 선포 배후의 그 사실에 돌아갈 수 있는 것도 돌아가야 하는 것도 아니다. 그리스도를 선포하는 사도 스스로 복음의 일부가 된다(고후 12:9). 왜냐하면 하나님 자신이 그를 통해 인간을 부르시기 때문이다(고후 5:20). 하나님께서는 선포하는 자에게 화해의 직책을 주셨고 선포하는 자를 통해 화해의 말씀을 세우셨다(고후 5:18). 케리그마가 선포되는 곳에 믿는 모든 사람을 구원하시는 하나님의 능력이 나타난다.

그래서 설교는 하나님께서 부르시는 '부름말'이다. 교회는 케리그마가 현재하는 곳이다. 교회는 말씀의 공동체로서 하나님의 말씀으로서의 설교가 구원을 현실이 되게 하며 마지막 때를 미리 맛보며 사는 공동체로 만든다. 설교가 들려오는 곳에 구원의 때가 시작된다. "보라 지금은 구원의 날이로다(고후 6:2)." 예배에서 말씀이 선포되며 그 말씀을 듣는 자들은 순종으로 응답한다. 따라서 예배를 통해 구원 행위가 현재화된다.

그리스도교는 삶을 미리 예견하며 일상의 풍요로움을 간구하는 주술적 종교가 아니다. 믿음의 내용은 십자가와 부활이며 이 사건은 하나님의 은혜에 대한 신뢰며 이 은혜가 곧 인간을 살려내고 그의 삶에 의미를 제공한다는 확신이다. 죽음의 십자가가 생명의 부활이 되는 은혜의 역설이 하나님 안에서 이루어졌다.

그래서 신학은 새로운 이론을 정립하여 십자가와 부활의 논리를 개발하는 것이 아니라 케리그마가 십자가 아래로 부르는 말이라는 것을 이해하게 하는 것이다. 십자가에 죽은 자가 하나님의 은혜의 계시로 선포되면서 인간은 자신의 사유와 행위의 능력으로 살아갈 수 있다고 생각하는 자신의 고집을 포기하게 한다. 이 포기에 의해 하나님께서 주시는 본래의 생명을 얻게 되는 신비한 구원의 역사를 체험하게 한다. 십자가의 말은 자유를 약속하는 말이며, 이 약속에서 모든 현실의 억압으로부터 해방되는 애굽으로부터의 탈출이 일어난다.

케리그마는 율법을 지킴으로 하나님의 은혜에 대한 권리를 얻으려는 유대교적 노력의 무의미성을 깨닫게 해 준다. 우리에게도 유대인들처럼 자신의 공로를 세움으로 하나님의 은혜를 쟁취하고자 하는 욕망이 있다. 십자가는 하나님의 구원은 인간의 노력에 의해 얻어지는 것이 아니라 오직 선물로서 받을 수 있다는 것을 깨닫게 해 준다. 인간은 자신의 선한 행위나 자력으로 살

수 없다. 오히려 하나님의 십자가를 스스로 지는 자로서 자기 자신의 욕망으로부터 벗어날 때 무한하신 하나님의 자유와 함께 하게 된다.

사도 바울에게서 우리는 케리그마의 현재화를 보게 된다. 선포의 내용은 사실이나 정보를 전달하는 것이 아니다. 십자가에 죽은 자가 부활의 그리스도, 즉 구원자라는 이 선포는 듣는 자에게 거리낌이 되며 지극히 어리석은 것처럼 보인다(고전 1:21). 그러나 믿는 자는 케리그마를 들음으로 십자가의 거리낌이 극복되고 하나님에 의해 '의롭다'라는 선언을 선사받는 죄인으로서 자기 자신을 새로이 이해하게 된다.

사도 바울은 신앙이 믿음에 관한 지식을 쌓는 것이 아니라 자신의 삶 속에서 현실로 살아내는 것이라는 사실을 보여 준다. 그래서 신앙은 소유될 수 있는 학문적 지식이 아니다. 신앙은 현재의 시련과 유혹들을 극복하고 이겨 나갈 수 있는 능력을 부여받는 것이다.

2) 초기 교회 전승의 종합

예수 그리스도의 십자가와 부활은 하나님께서 자신의 의로움을 드러내면서 세상을 의롭게 하신 사건이다. 그리스도가 오기 이전의 세상은 모두가 죄 아래 있었다. 죄란 도덕적이며 윤리적인 것이라기보다 오히려 하나님과의 관계가 깨어진 상태를 말한다. 하나님과 인간의 관계가 깨어졌기 때문에 인간과 인간의 관계가 깨어졌고, 인간의 관계가 깨어졌기 때문에 인간과 자연의 관계도 깨어졌다. 이로써 세상의 모든 관계는 제대로 된 관계가 아니며 이러한 세상은 죽음의 세계와 다름없다.

그렇기 때문에 예수께서 돌아가시고 다시 일으켜지심을 받은 이유가 바로 죄 아래 있던 인간으로 하여금 이러한 죽음의 세상을 극복하고 생명의 세상으로 옮겨가게 하기 위한 것이다. 이렇게 생명의 세계로 옮겨가는 것, 즉 그리스도의 부활의 영향권 안에 들어온 자들의 삶을 로마서는 '하나님과 평화를 누리는 삶'이라고 말하고 있다(롬 5:1).

그리스도를 믿는다는 것은 그의 죽으심과 같이 세상에 대하여 죽고 하나님을 향하여 다시 살아나는 것이며 그것은 하나님과 평화를 누리는 것이며 동시에 생명 안에서 살아가는 것이다. 그리스도인이란 죽음의 세상에 대해 그리스도의 십자가와 함께 죽고 새롭게 부활하는 것을 의미한다. 부활한 자는 더 이상 죽음의 세상에 묶여 있지 않다.

예수 그리스도는 자신이 죽음으로써 인류를 살린 삶의 원형이다. 그는 세상에 대해서 죽음으로써 세상을 극복하고 하나님께 대해서 살아났다. 따라서 예수 그리스도의 부활은 죽음의 세상에 대한 심판이다. 부활은 지금까지의 왜곡된 세상 질서를 바로잡는 상징성을 갖는다. 세상 안에서 마지막으로 기승을 부리는 죽음은 그리스도에 의해 끝이 났다.

예수 그리스도와 연결된 그리스도인 역시 더 이상 죽음의 세력에 붙잡혀 있지 않다. 죽음은 극복되었다. 그리스도의 부활에 연합한 그리스도인들은 이미 종말을 미리 선취하여 지금 이 땅에서 새로 태어난 부활을 경험하며 살아간다. 이것이 곧 생명의 하나님의 역사에 동참하는 것이다. 따라서 부활은 새로운 인간 역사의 목표가 된다. 그것이 바로 구약성서가 말하는 '하나님의 형상'의 회복이다.

예수 그리스도의 구원 사건은 하나님의 용서를 현재 인간의 삶 속으로 이끌어 들이며 죄인인 인간들이 용서를 체험할 수 있는 현실이 되게 했다. 예수 그리스도를 따른다는 것은 예수께서 하신 것처럼 세상 속에서 일어나고 있는 불의와 부정에 대한 거부며 하나님 나라를 역사에 구현시키는 것을 의미한다. 예수께서는 이러한 하나님 나라를 역사 안에서 이루시고 몸소 사셨다. 성서는 이러한 예수의 활동과 그의 선포에 대해 그를 구원자로 이해한 자들의 신앙 고백이다. 이러한 신앙 고백은 예수께서 돌아가신 후 그의 제자들에 의해 지지되며 계속되었다. 이것이 바로 초기 교회가 가진 정체성이다.

3. 바울 신학의 특수성

바울 서신들은 신약성서에서 가장 먼저 쓰였고 집필 연대가 50년에서 60년 초 사이이다. 따라서 가장 초기의 그리스도교 공동체에 대한 정보를 제공하고 있다. 복음서들과 바울 서신들의 차이점은 하나님 나라를 선포하시는 역사적 예수의 모습이 나타나는 복음서들과 달리 바울 서신들에서는 주님 되시는 그리스도를 믿는 공동체의 모습이 잘 나타나 있다는 것이다. 그렇기 때문에 바울 서신들에서는 오늘날 그리스도를 주님으로 고백하는 교회는 어떠해야 하는가 하는 구체적인 예들을 찾아볼 수 있고 그리스도인들의 자기 정체성을 찾을 수 있는 본문이 된다.

사도가 가장 중요시한 것은 바로 유대인 그리스도인들과 이방인 그리스도인들로 구성된 교회에서 어떻게 새로운 그리스도인으로서의 실존을 바로 세울 수 있는가 하는 문제였다. 그렇기 때문에 유대인들의 율법과 더불어 사도 자신의 과거에 대한 올바른 해석이 매우 중요한 주제였으며 '새 피조물'로서의 새로운 그리스도인의 정체성을 수립하는 데 많은 노력을 기울였다.

유대인들이 지키는 율법에 대한 설명과 그 율법이 어떻게 인간들에게서 고정되고 경직되어 가는가 하는 문제들, 그리고 율법의 한계성 등에 대해 사도는 설명하고 있다. 사도는 지금까지 구원을 보장해 주던 유대인들의 율법을 그리스도 한 분에게로 종합하며 '율법의 완성으로서의 그리스도'를 선포한다.

또한 선교 과정에서 생겨나는 적대자들과의 투쟁이 치열하게 전면에 나타나며(특별히 고린도후서) 그 적대자들과의 투쟁 가운데 자신의 정체성, 즉 사도직의 의미가 부각된다. 사도 바울이 스스로 사도라고 하면서 자신의 정체성을 보여 준 과정과 그 의미는 오히려 사도직의 진정한 의미에 대해 생각하게 하며 그리스도인의 정체성까지 연결시켜 준다. 그 과정 속에서 드러난 사도 바울의 복음 이해는 그리스도교의 존립과 지나온 역사적 과정에서 주춧돌의 역할을 감당하며 엄청난 파괴력을 가지고 지금까지의 그리스도교 역사를 떠받치는 역할을 하고 있다.

사도 바울은 스스로를 "나는 팔일 만에 할례를 받고 이스라엘 족속이요 베냐민 지파요 히브리인 중의 히브리인이요 율법으로는 바리새인이요 열심으로는 교회를 박해하고 율법의 의로는 흠이 없는 자라 그러나 무엇이든지 내게 유익하던 것을 내가 그리스도를 위하여 다 해로 여길 뿐더러 또한 모든 것을 해로 여김은 내 주 그리스도 예수를 아는 지식이 가장 고상하기 때문이라 내가 그를 위하여 모든 것을 잃어버리고 배설물로 여김은 그리스도를 얻고 그 안에서 발견되려 함이니 내가 가진 의는 율법에서 난 것이 아니요 오직 그리스도를 믿음으로 말미암은 것이니 곧 믿음으로 하나님께로부터 난 의라(빌 3:5~9)."라고 소개한다.

이처럼 그는 자신의 삶 전체를 그리스도 예수를 위한 삶으로 이해했고, 그는 복음을 위해서 모든 것을 참고 "내가 복음을 전할지라도 자랑할 것이 없음은 내가 부득불 할 일임이라 만일 복음을 전하지 아니하면 내게 화가 있을 것이로다(고전 9:16)."라고 고백한다.

사도 바울은 또한 예수 그리스도의 사건을 하나님의 '의(義)의 사건'이라고 선언한다. 로마서 4장 25절에서 "예수는 우리가 범죄한 것 때문에 내줌이 되고 또한 우리를 의롭다 하시기 위하여 살아나셨느니라."라고 말하고 있다. 그리스도 사건은 의로우신 하나님께서 인간들을 의롭게 하시기 위한 의의 사건이기 때문에 "이제는 율법 외에 하나님의 한 의가 나타났으니 율법과 선지자들에게 증거를 받은 것이라 곧 예수 그리스도를 믿음으로 말미암아 모든 믿는 자에게 미치는 하나님의 의니 차별이 없느니라 모든 사람이 죄를 범하였으매 하나님의 영광에 이르지 못하더니 그리스도 예수 안에 있는 속량으로 말미암아 하나님의 은혜로 값 없이 의롭다 하심을 얻은 자 되었느니라(롬 3:21~24)."라고 선언하고 있다. 이처럼 예수 그리스도의 사건은 의롭다 하시는 하나님의 구원 사건이며 세상과 화해하신 사건이다.

사도 바울은 초대교회의 이해를 받아들여 그리스도의 죽음을 특별히 '세상과의 화해'라고 해석했다. 사도 바울은 고린도후서 5

장 14절에서 "한 사람이 모든 사람을 대신하여 죽었은즉."이라고 하며, 예수 그리스도의 사건을 '하나님께서는 그리스도를 내세우셔서, 우리를 자기와 화해하게 하시고, 또 우리에게 화해의 직분을 맡겨 주셨다. 곧 하나님께서 사람들의 죄과를 따지지 않으시고, 화해의 말씀을 우리에게 맡겨 주심으로써 세상을 그리스도 안에서 자기와 화해하게 하셨다.'고 고백한다(고후 5:18~19). 그래서 사도는 우리가 하나님과 화해할 것을 요청하며 하나님께서는 죄를 모르신 분에게 우리 대신에 죄를 씌우셨고 그것이 바로 우리가 그리스도 안에서 하나님의 의가 되게 하려 하심이라고 고백한다(고후 5:20~21).

이처럼 사도 바울은 "의롭게 하다"와 "화해하다"를 같은 의미로 사용하고 있다. 그리스도를 통한 '의롭게 됨'의 사건은 하나님과 '화해함'의 사건으로 이해되며 하나님께서 자신의 진노를 거두시고 용서하시며 평화의 상황을 이루어 놓으신 것을 의미한다.

1) 서술형과 명령형

로마서 5장 1절에서 사도 바울이 "우리 주 예수 그리스도로 말미암아 하나님과 화평을 누리자."라고 요청하는 말은 구원의 현재화를 말해 준다. 우리는 우리의 노력 없이 하나님과 평화의 관계에 도달했고 우리의 노력 이전에 하나님께서 모든 적대 관계에 종지부를 찍으셨다. 이전에 지은 범죄들이 용서되었고 우리는 용서받은 자의 삶을 살도록 동기화된 자들이다. 그렇기 때문에 사도는 시편 32편 1절을 인용하여 '하나님께서 잘못을 용서해 주시고 죄를 덮어 주신 사람은 복이 있다. 주께서 죄 없다고 인정해 주시는 사람은 복이 있다.'고 말하고 있다(롬 4:7~8).

따라서 '하나님의 의'라는 개념과 '하나님과의 화해'라는 개념이 같이 사용되며 또한 그것은 '하나님과의 평화' 안에 있음과 같은 뜻으로 사용된다. 화해를 통해 분명해진 것은 하나님과 인간 사이의 관계가 이전과는 다르게 회복되었고 회복된 관계 안에서 인간들은 다르게 살 수 있다는 선언이다.

이처럼 그리스도의 십자가 사건은 하나님과의 화해 사건이며 하나님과의 화해는 곧 구원이며 생명임을 말해 주고 있다. 따라서 하나님의 의의 사건은 하나님 자신이 우리에게 새로운 상황을 열어 주셨고 그 새로운 상황은 영에 속한 삶이라고 말할 수 있다. 그래서 사도 바울은 "그러므로 우리가 이제부터는 어떤 사람도 육신을 따라 알지 아니하노라 비록 우리가 그리스도도 육신을 따라 알았으나 이제부터는 그같이 알지 아니하노라 그런즉 누구든지 그리스도 안에 있으면 새로운 피조물이라 이전 것은 지나갔으니 보라 새 것이 되었도다(고후 5:16~17)."라고 고백한다.

사도 바울은 지속적으로 믿는 자들은 그리스도 안에서 이미 새로운 존재가 '되었다' 그러니까 새롭게 '살아야 한다'라는 서술적 선언과 명령적 선언을 동시에 하고 있다. 이것을 직설적 서술형과 명령형의 동시성이라고 말하는데 그 말의 의미는 믿는 자들은 이미 의롭다고 선언되었다는 것이다. 그러니까 그 선언을 유효하게 하려면 의롭게 살아야 하고 또한 그렇게 살 수밖에 없는 존재라는 선언이다. 믿는 자들은 이미 존재의 변이를 체험한다. 새로운 피조물로서 산다는 것은 이미 과거로부터 해방되었음을 의미한다. 여기에서 중요한 것은 지속성이다. 의롭다 함을 받은 자는 지속적으로 의롭게 살아야 한다. 이 지속성은 요한복음서에서 나타나는 사랑의 지속성과 같은 차원의 의미를 갖는다.

사도 바울에 따르면 믿는 자들의 몸은 하나님께로부터 받은 몸이기 때문에 '성령의 전'이다. 그래서 믿는 자들은 자신의 몸이 '자신의 것이 아니다.' 그렇기 때문에 몸으로 하나님께 영광을 돌려야 한다(고전 6:19~20). 하나님과 깨어진 관계가 그리스도의 수난과 부활로 회복되고 '그리스도께서 우리와 화해하시고 화해의 직분을 맡겨 주셨기 때문에' 우리에게는 세상과 화해해야 하는 과제가 부과되어 있다.

여기에서 의롭다고 선언되었기 때문에 의로워야 한다는 사도 바울의 신학적 당위성이 나타난다. 하나님의 말씀의 성격인 '선언된 것'은 그대로 '실현'되어야 한다는 원칙이 성립된다. 즉 우리에게 은혜로 선사된 하나님과의 화해는 동시에 우리의 삶 속에서 실현되어야 하며 그것은 곧 세상과의 화해를 무조건적으로 요청한다는 사실이다.

예수께서 돌아가시고 다시 일으키심을 받은 이유가 바로 죄 아래 있던 인간들에게 죽음의 세상을 극복하고 하나님을 향해 살아나는 부활을 경험하게 하기 위함이다. 부활의 영향권 안에 들어온 자들의 삶이 '하나님과 평화를 누리는 삶'으로 규정된다. "그러므로 우리가 그의 죽으심과 합하여 세례를 받음으로 그와 함께 장사되었나니 이는 아버지의 영광으로 말미암아 그리스도를 죽은 자 가운데서 살리심과 같이 우리로 또한 새 생명 가운데서 행하게 하려 함이라 만일 우리가 그의 죽으심과 같은 모양으로 연합한 자가 되었으면 또한 그의 부활과 같은 모양으로 연합한 자도 되리라(롬 6:4~5)."

그리스도의 십자가와 부활은 세상을 살리고 새로운 관계를 수

립한 하나님의 사랑의 사건이다. 부활은 지금까지의 삶의 방식을 버리고 그리스도가 제공하는 새로운 삶의 방식을 따르라는 하나님의 요청이다. 그리스도의 고난과 죽음은 부활이라는 희망에 근거하여 세상의 불의와 고난에 맞서서 죽음의 세상을 생명의 세상으로 바꿔 놓는 것을 의미한다.

하나님과의 화해, 곧 관계의 회복은 이웃과의 연대성으로 실천된다. '지극히 작은 자에게 한 것이 나에게 한 것'이라는 고난 받는 자에 대한 유대감은 우리에게 같은 유대성 안에 들어올 것을 요청하는 그리스도의 청함이다. 십자가를 통한 세상과의 화해는 단순한 교리가 아니다. 이기적인 자기 자신 안에 폐쇄되어 있는 우리에게 자신을 해방시키며 이웃을 향해 자신을 열고 더 나아가 이웃의 고통을 해방시킬 것을 요청하는 해방의 요청이다.

따라서 예수 그리스도의 십자가의 근원적 의미는 자신을 죽여 세상을 살린 이타적 희생, 아가페의 삶이다. 십자가는 이 시대가 요구하는 끝없는 성장과 승리, 자기중심적인 세상의 원리에 대한 심판이다. 그렇기 때문에 십자가에 참여한다는 것은 자신을 '비우고', '낮추시고', '종'이 되어 '죽기까지 복종하신' 그리스도의 원형적 삶에 동참하는 것을 의미한다(빌 2:5~11).

이러한 연대성의 삶이 하나님과의 화해를 자신의 삶 속에서 구현하는 것이다. '의롭다'고 했으니까 '의롭게 살라'는 이 단순한 선언은 바로 십자가와 부활을 현재에 살아내는 우리의 과제다. 이것은 죽음에 이르기까지 자신을 내어 주며 소멸의 시간 속에서 한계를 극복한 예수 그리스도의 영원한 부르심이다.

2) 존재의 변이

로마서는 예수 그리스도의 십자가와 부활을 하나님께서 자신의 의로움을 드러내면서 세상을 의롭게 하는 사건이라고 선언한다. 예수께서는 우리의 범죄 때문에 죽임을 당하시고 우리를 의롭게 하시려고 살아나셨다(롬 4:25). 그리스도의 구원 사건 이전의 세상은 모두가 예외 없이 죄의 지배 아래 있었다(롬 1:1~3:20). 모두가 예외 없이 죄의 지배 아래 있었다는 말은 무엇을 의미하는가? 여기에서 말하는 '죄'란 도덕적이며 윤리적인 덕의 반대 개념이 아니다.

로마서가 말하고 있는 '죄'는 하나님을 떠난 상태를 말한다. 그것은 곧 하나님과의 관계가 깨어졌다는 것을 의미한다. 사도 바울은 죄를 말할 때면 언제나 그 죄를 단수로 표시하며 '죄들'이라고 말하지 않는다. 그것은 바로 모든 죄의 원인은 한 가지뿐이라는 것이다. 그 한 가지는 '하나님을 떠난 것'이다. 그래서 세상에 있는 모든 죄의 근원은 바로 이 '하나님을 떠남'에서 생겨나는 것이라고 보았다.

예수 그리스도의 부활은 세상 역사에 대한 심판이다. 즉 아담에 의해 대변되는 지금까지의 인간 역사에 대한 거부를 의미한다. 그것은 생명을 거스르는 것에 대한 단호한 부정이다. 하나님에 의해 '일으켜지심을 받은' 예수 그리스도와 그에 의해 우리 역시 '일으켜짐을 받았다.' 즉 그리스도에 의해 우리는 부활의 역사 안으로 들어온 것이다.

부활은 지금까지의 왜곡된 세상의 질서를 깨뜨리는 것이다. 왜냐하면 세상 안에서 마지막까지 기승을 부리는 것은 죽음이며 그래서 '마지막으로 멸망 받을 원수는 죽음'으로 죽음은 세상의 가장 강력한 세력이며 동시에 세상을 대변하기 때문이다(고전 15:26). 따라서 죽음을 극복하고 '일으켜시심을 받은' 그리스도는 새로운 세계 질서를 정립했다. 그에 의해 현실 사회에서 중요시되고 절대시되던 종족, 계급, 성, 빈부의 모든 차별이 거부되었다.

이처럼 부활은 모든 관계를 새롭게 회복시킨다. 그래서 부활은 지금까지의 삶의 방식을 버리라는 하나님의 선언이며 새로운 삶의 가능성을 열어 보이는 하나님의 역사다. 부활의 시공간으로 옮겨진 자들에게는 옛 시대의 질서가 더 이상 적용되지 않는다. 이것은 존재의 변이가 일어났음을 의미한다. 지배와 피지배의 관계가 사라지고 누구든지 그리스도 안에 있으면 그는 새로운 피조물이 된다. 그래서 옛 것은 지나가고 모두가 새 것이 되었다(고후 5:17~18).

예수 그리스도는 세상에 대해서 죽음으로써 세상을 극복하고 하나님께 대해서 살아났다. 그리스도 사건은 이웃을 나의 이익을 위한 대상으로 보는 대신 내가 그리스도처럼 죽음으로써 이웃을 살려내야 할 사랑의 대상으로 보게 한 사건이다. 그리스도를 따른다는 것은 바로 이러한 사고의 근원적 전환, 즉 모두가 자신이 살기 위해 이웃을 비인간화시키는 세계로 떨어뜨리는 이러한 숙명성에서의 해방, 자신이 죽음으로써 인류를 살리는 사건, 이기적 삶의 방식이 극복되고, 지금까지 통용되던 사고가 전환되는 창조주와 피조물의 관계, 이웃과 이웃 상호 간의 관계가 회복되는 사건에 동참하는 것을 의미한다.

그리스도 사건은 자신의 희생으로 이웃을 사랑의 대상으로 부활시킨 사건이다. 부활은 하나님의 역사 안으로 살아 들어가는 것이며 그곳에서는 옛 사람, 이기성과 물질적 사고가 끝이 나며 더 이상 육적으로 세상을 대하지 않는다. 그리스도의 부활을 경험한 자가 만나는 모든 것들은 경직된 비인격적 객체에서 새로운 생명으로 부활하게 된다. 새로운 생명으로 변한 자는 새로운 삶을 사는 자다.

따라서 부활절은 해마다 맞이하는 연례행사가 아니라 세상을 새롭게 창조하시는 하나님의 구원의 역사에 동참하여 죽음을 극복하고 새로운 창조를 자신의 삶 속에서 경험하며 실현하는 것이다.

3) 약함에서 완성되는 은혜

사도 바울 서신 가운데 가장 개인적인 내용을 담고 있는 문헌으로는 고린도후서가 있다. 고린도후서는 철저하게 사도 자신의 자기변호와 변증을 담고 있다. 그럼에도 불구하고 고린도후서에서 사도는 자신의 개인적 인격이나 공동체와의 사적인 관계를 말하는 것이 아니라 자신의 사도직에 관련된 사명의 올바른 의미에 대해서 말하고 있다. 사도 바울은 고린도 교인들이 자신을 사도로서, 즉 자신을 통해 그리스도께서 말씀하시는 그러한 사도로서 이해해 주길 원한다.

고린도전서에서 사도 바울은 자신의 사도직을 자신의 삶 전체, 그의 일과 고난 가운데에서 그리스도가 드러나게 하는 것으로 이해한다(고전 4:10~11). 고린도후서에서는 전서가 특별히 강하게 보여 주었던 공동체 내에서의 구체적인 삶(파당에 관한 문제,

예배에서의 질서 문제, 우상의 제물 등)보다는 오히려 공동체와 사도와의 관계에 집중되어 있다.

사도 바울은 고린도 교회 내에서 야기된 자신에 대한 비난을 변호하며 자신의 사도로서의 정체성에 대해 말하고 있다. 그렇다면 사도 바울이 이처럼 자신의 사도직에 대해 변호해야 하는 까닭은 무엇이며, 그것을 문제 삼은 자들은 어떤 경향의 사람들인가? 고린도 교회에서 사도 바울의 사도로서의 정당성을 문제 삼은 자들은 사도 바울의 어떤 점을 비난했는가?

우선 사도로서의 사도 바울에 대한 비난은 사도가 역사적 예수를 따라다니던 자가 아니라는 사실과, 그에 따른 예루살렘 원교회의 지도자들과의 관계에 있다. 그러나 이 문제는 고린도 교회에서만의 특수한 문제는 아니다. 이 문제는 처음부터 끝까지 사도를 따라다니던 문제였고, 그보다도 오히려 고린도 교회에서 문제가 된 것은 영적인 것에 대해 사도 바울이 약하다는 점, 또는 그의 육체적인 연약함, 경제적으로 공동체에 의존하지 않는 점 등을 들 수 있다.

이러한 문제에 대해서 사도 바울은 자신이 생각한 사도라는 직책의 의미, 은혜의 의미, 십자가에 의한 구원 등에 관해 상세하게 논하고 있다. 사도 바울은 적대자들이 부각시키고 있고 또한 그로 인해 고린도 교회 내에서 걸림돌이 되고 있는 그의 육체적 약함이 바로 그리스도 안에서 자랑이 된다는 역설을 말해 주고 있다. 왜냐하면 이 약함은 그리스도의 고난에의 참여를 의미하며 그리스도의 능력이 함께하기 때문이다.

사도 바울의 십자가 신학은 세상에서의 모든 약함, 그것이 육체적이든 사회적이든 간에 인간이 가진 연약함 안에서 하나님께서 역사하신다는 선언이다. 사도 바울은 적대자들이 자신에게서 본 약점과 부족함 등을 내세워 공격해 올 때 그에 맞서서 자신이 강하다거나 능력이 있다고 맞서지 않고 오히려 자신은 그들의 공격 내용을, 즉 그들이 보기에 약점이 되는 것들을 그대로 그가 받은 약함의 은혜로 돌리고 있다.

사도는 자신의 육체의 가시를 없애 달라고 세 번이나 간구했지만 "내 은혜가 네게 족하도다 이는 내 능력이 약한 데서 온전하여짐이라 하신지라 그러므로 도리어 크게 기뻐함으로 나의 여러 약한 것들에 대하여 자랑하리니 이는 그리스도의 능력이 내게 머물게 하려 함이라(고후 12:9)."고 고백한다.

우선 사도 바울이 받은 비난의 주된 내용은 여타의 다른 것보다도 그가 영적으로 약하다는 것이다. 이 문제에 대해 사도 바울은 고린도후서 12장 1절 이하에서 해석하기 난해한 어떤 영적 계시에 대해 말하고 있다. 그러나 이러한 영적 계시는 사도직 자체에 정당성을 주는 것이 아니며 사도의 질을 높여 주는 것도 아님을 강력하게 말하고 있다.

오히려 영적 계시는 인간을 교만하게 할 수 있으며 이 문제에 대해서 사도 바울은 이미 고린도전서 14장 14~19절에서 해답을 주고 있다. 사도 바울은 자신의 약점을 자랑하며 그 약점을 통해서 하나님께서 역사하신다는 사실을 알고 인간의 약점이 곧 하나님의 은혜가 임하는 곳이라고 말하고 있다.

사도 바울은 고린도 적대자들이 자신에게서 문제 삼는 영적인 체험이나 과시적 현상에 대해 자신도 전혀 부족함이 없다는 사실을 누누이 말하고 있다. 그러나 사도 바울은 이내 이러한 개인적 영적 체험은 자기 자랑을 위한 업적으로 이용될 위험성이 크다는 사실을 밝힌다. 그런 능력에 있어서는 그 역시 누구에게도 뒤떨어지지 않는다. 오히려 그는 12장 11절에서 "내가 아무 것도 아니나 지극히 크다는 사도들보다 조금도 부족하지 아니하니라."고 말하고 있다.

그러나 하나님께서는 사도의 모든 수고와 노력에 대해 오히려 그것을 내세우거나 그것을 의지하여 자신의 의를 뽐내는 바리새인들처럼 되지 않게 하기 위해 몸에 가시를 두셨다.

사도 바울은 자신의 육체적 고통을 피하게 해 달라는 세 번의 기도에 대한 대답으로 "내 은혜가 네게 족하도다."라는 말씀을 듣는다. 주님의 말씀은 황홀경에서 나온 체험을 말하는 것이 아니다. 사도 바울은 여기에서 영적 체험이라든가 황홀경의 상태를 말하고 있지 않다. 오히려 이 말씀은 사도 바울이 전 생애에 걸친 그의 사역에서 경험한 그리스도와의 만남의 의미를 인식함으로 인해 받은 확신이다. 따라서 '네게 족하다.'라는 선언은 거절하는 결정적 말씀이다. 주님께서는 '그것으로 견뎌라. 왜냐하면 능력은 약함 안에서 역사하기 때문이다. 그것으로 너는 충분히 견딜 수 있다.'고 말씀하신다. 우리는 언제나 현재의 상태와는 다른 더 좋은 상황이 오기를 기대한다. 그래서 더 열심히 바라고 요구하고 기도한다. 그런데 주님으로부터 우리가 듣는 말씀은 '더 이상은 불필요하다. 나를 가짐으로 이미 충분히 가졌다.'라고 선언하신다.

'족하다'는 것은 가장 강하고 중요한 어떤 것으로서, 그것은 없는 것을 있게 하고, 채워서 넘치게 하는 열정적인 영의 힘, 은혜의 힘이다. 그렇기 때문에 사도 바울은 이것을 자랑할 수 있다. 그의 자랑은 육에 따른 자랑이 아니다. 영은 하나님의 은사고 개인이 주관적으로 소유할 수 있는 그런 소유물이 아니다.

그리스도의 능력은 약한 데서 온전하여진다. 이 구절은 고린도전서 1장 18~31절을 연상시킨다. "하나님께서 세상의 미련한 것들을 택하사 지혜 있는 자들을 부끄럽게 하려 하시고 세상의 약한 것들을 택하사 강한 것들을 부끄럽게 하려 하신다(고전 1:27)."

사도 바울에게 있어서 '약함'이란 인간의 본래적 본질을 해치는 그러한 성분으로서의 부족함이 아니다. 오히려 사도 바울에게 있어서 '약함'은 사건에서 부딪혀 깨닫게 되는 인간의 연약함이다. 유한한 인간의 삶의 정황 앞에 침입해 들어오는 하나님의 절대적 능력 앞에서의 유한성을 의미한다.

예언서들에서는 '약함'이 하나님의 심판의 말에서 자주 사용된다. 따라서 비유적 의미로 하나님으로부터 변심한 민족을 표현할 때, 실족한 민족에 대한 표시로 사용된다(호 4:5; 렘 6:21 등). 복음서들에서는 육체적 약함이나 병(마 10:8; 눅 13:11; 행 9:37; 요 4:46) 등과 같이 사용된다.

사도 바울은 로마서 6장 19절에서는 육체적인 약함을 말하고 있고("너희 육신이 연약하므로 내가 사람의 예대로 말하노니…….") 로마서 8장 3절에서는("율법이 육신으로 말미암아 연약하여 할 수 없는 그것을 하나님은 하시나니…….") 율법과 결합되어 있다. 또한 로마서 5장 6절에서는 강하게 그리스도 이전의 인간 상황을 설명할 때 사용한다("우리가 아직 연약할 때에 기약대로 그리스도께서 경건하지 않은 자를 위하여 죽으셨도다.").

이처럼 '약함'은 인간이 처한 인간적 차원의 한계를 말한다. 하나님의 능력이란 이 한계 안에 다가오는 사건에서 경험되는 하나님의 능력이다. 그것은 사건을 일으키시는 하나님의 은혜와 힘이다. 그래서 '은혜(Charis)'와 '능력(Dynamis)'은 근본적으로 같은 의미다. 그렇기 때문에 '주님의 은혜'의 자리에 '그리스도의 능력'이 대치되어 같이 사용된다. '약함'이란 '은혜'가 활동할 수 있는 조건이다. '은혜'는 사도 바울에게서 하나님의 의지와 활동을 의미한다. '네게 족한' '은혜'는 사도로서 그에게 부여된 '힘'이다(참조. 갈 1:15; 2:9). '은혜'는 사도라는 직책으로서의 은혜가 아니라 믿는 자에게 선사되는 구원으로서의 '은혜'다. 구원받은 자로서 살아가는 그리스도인이 만나게 되는 은혜는 소유할 수 있는 것이 아니기 때문에 매순간 새롭게 이해되고 파악되어야 하며 지속적으로 공급받아야 한다.

따라서 '약함'이란 하나님의 '능력'이 실현되기 위한 조건이다. 인간의 '약함' 가운데에서 하나님의 '능력'이 실현된다는 것을 사도는 역설적으로 자랑한다. 이것은 사도 바울이 그다지도 거부하던 육에 따른 자랑이 아니다. 그래서 그는 고린도후서 11장 30절에서 "내가 부득불 자랑할진대 내가 약한 것을 자랑하리라."고 말하고 있다. 또한 고린도후서 12장 5절에서 "…… 나를 위하여는 약한 것들 외에 자랑하지 아니하리라."고 말한다.

결국 자신의 약함을 승인한다는 것은 하나님의 은혜와 능력을 갈구한다는 의미다. '온전하여짐'은 '더 바랄 수 없다'는 것을 의미하며 주님의 이 말은 '나의 약함이 내가 하나님 앞에 바로 설 수 있는 나의 성공의 조건'이라는 위로의 확신을 얻게 된다. 그래서 그는 그것을 주 안에서 자랑할 수 있다.

그리하여 그는 그리스도를 위하여 모든 약한 것들과 고난을 '기뻐한다.' 사도 바울에게 있어서 고린도 교인들에게 걸림돌이

된 사도 바울의 나날의 고통과 그의 육체적 '약함'("그들의 말이 그의 편지들은 무게가 있고 힘이 있으나 그가 몸으로 대할 때는 약하고 그 말도 시원하지 않다 하니." 고후 10:10) 등과 같은 인간적 연약함은 하나님의 능력이 나타날 수 있는 필연적인 조건이 된다.

'약함'이란 육체적이며 본성적인 질적 개념이 아니라 무한한 절대적 존재 앞에 선 유한한 인간의 본래적 존재를 의미한다. 그것은 매순간 역동적 삶 속에서 인식되는 '나의 약함'이다. 그것을 인정할 때 '하나님의 능력'으로 그것을 극복할 가능성이 열리게 되는 것이다. 따라서 사도 바울에게 있어서 자신이 갖는 능력은 곧 하나님께서 주신 은혜의 선물이다. 그래서 그는 인간이 가진 것 중에서 받지 않은 것이 무엇인가를 물으며 모든 것은 하나님께로부터 받은 것인데 어떻게 자랑할 수 있느냐고 반문한다.

하나님께서는 이 능력을 주실 뿐 아니라 이 능력을 사용하여 완전한 구원을 선사하신다. 따라서 사도 바울에게는 교육이나 훈련을 통해서 스스로 굳세게 되는, 다시 말해 강해지는 그런 소유 개념으로 그리스도 사건이 이해되지 않는다. 오히려 '능력'은 자신의 약함 가운데 역사하시는 하나님의 선물이며 인간이 실제의 삶 속에서 부딪히는 그때그때의 상황을 극복하게 한다. 그래서 하나님의 능력은 사도 바울에게 있어서 하나님의 지혜다.

이처럼 사도 바울에게 있어서 사도의 표징은 그의 적대자들이 그에게서 부족하다고 비난하는 내용인 이적 행함이라든가 영적인 계시 등과 같은 황홀경의 경험들이 아니다. 오히려 그러한 것들은 개인의 종교적 주관적 체험에서 일어나는 것이기 때문에 사도로서, 그리스도의 종으로서의 그의 직책을 가늠하는 수단이 될 수 없다. 이러한 종교적 현상들은 개인의 삶에서 개인적인 의미를 가질 뿐 그것이 사도의 업적으로 내세우거나 기준이 되는 척도가 될 수 없다. 오히려 원래적인 사도의 표지는 참고 견디고 인내하며 자신의 약함 가운데에서 역사하시는 하나님의 은혜를 받아들일 뿐이다(고전 4:8~13).

적대자들은 사도 바울이 사도로서의 권위가 없고 전권을 받은 바도 없다고 보며, 사도 바울과 자신들을 공동체가 비교해 볼 것을 요구했다. 그렇게 할 때에 그들의 생각에 의하면 사도 바울의 비참함과 약점이 훨씬 더 두드러지게 드러날 것이라고 생각했다.

그러나 사도 바울은 역설적이게도 자신을 적대자들과 나란히 세워 비교하지 않고 자기 자신과만 비교하게 한다. 사도 바울은 적대자가 하듯이 자신들의 특권이나 업적 등을 내세우며 무절제하게 자랑하지 않는다. 오히려 그는 그리스도를 위하여 그가 수고하고 땀 흘리며 겪는 일상의 삶의 어려움과 고통을 기뻐한다. 왜냐하면 그리스도께서는 그때에 함께하시고 약할 그때에 그리스도의 은혜가 강하게 밀려오기 때문이다.

인간의 '약함'에도 불구하고 하나님께서는 인간의 그 '약함' 안에서 역사하신다. 따라서 '약하다'는 것은 하나님의 계시에 참여할 수 있는 조건이 된다. 사도 바울의 적대자들은 자신들을 사도 바울과 '육에 따라' 비교하여 그들 자신들을 특별한 사도로 내세운다. 그렇게 내세우고 자랑하는 수단이 바로 환상과 계시, 놀라운 일과 기적들이다. 그러나 사도 바울은 그들의 이러한 주장에 맞서지 않고 자신의 자랑거리로서 '약함'과 '어리석음,' '일상의 수고'와 '고통'과 '핍박당함'을 내세운다.

적대자가 능력의 증거로 대는 것은 자신들이 행하는 권세 있는 행위를 통해 믿고 보는 자들로 하여금 외경의 마음이 생기도록 하는 것이다. 영주의자들은 자신들의 능력을 과시하며 자신들을 신봉하게 한다. 동시에 사도에게 그와 맞서는 어떤 능력을 과시해 보일 것을 요구한다(고후 13:3~4). 우리는 사도의 적대자들이 어떤 자들이며 그들이 어떤 주장을 폈는지를 간접적으로 알 수 있다. 그들은 유대 그리스도교 선교사들이며 그들이 아브라함의 후손임을 자랑하는("그들이 히브리인이냐 나도 그러하며 그들이 이스라엘인이냐 나도 그러하며 그들이 아브라함의 후손이냐 나도 그러하며." 고후 11:22) 헬라적 영지주의 경향을 띤 유대 그리스도교도들이다.

그들은 고린도 교인들에게 그리스도와의 관계를 영지주의적으로 해석하여 신비적인 관계로 이끌고 갔으며 그렇게 함으로써 결국 그들은 사도 바울이 보기에 "다른 예수(고후 11:4)"를 전하는 자들이었다. 그들은 스스로를 '지극히 큰' 사도들이라고 칭했으며 그런 점에서 고린도 교회에 당당하게 경세적 도움을 요구하며 살아가는 자들이었다.

사도 바울과 전혀 다르게 살아가는 그들이 정당성을 갖기 위해서는 사도 바울의 삶의 행태가 잘못된 것으로 드러나야 했다. 그래서 그들은 사도 바울에게서 사도로서의 품위와 격이 떨어지는 그의 외형적 조건들을 나열하며 공동체를 어지럽히고 교인들을 현혹시켰다. 이에 대해 사도 바울은 단호하게 "내가 부득불 자랑할진대 내가 약한 것을 자랑하리라(고후 11:30)."고 선언한다.

그리스도의 십자가는 인간이 보기에 약함의 극치다. 사도 바울은 적대자들에게서 십자가의 신학이 부재한 것을 보았다. "그리스도께서 약하심으로 십자가에 못 박히셨으나 하나님의 능력으로 살아 계시니 우리도 그 안에서 약하나 너희에게 대하여 하나님의 능력으로 그와 함께 살리라(고후 13:4).” 따라서 ‘약함’이란 그리스도의 제자라는 사실을 증명해 주며 십자가의 현실을 드러내 준다.

십자가의 죽음에서 ‘약함’이 드러나지만(고전 1:25, 27; 히 5:2) 그러나 하나님께서는 죽은 자의 부활을 통해 자신의 강력한 힘을 증명하신다. 제자들의 고통은 십자가의 삶에 동참하는 것이며(“그리스도를 위하여 너희에게 은혜를 주신 것은 다만 그를 믿을 뿐 아니라 또한 그를 위하여 고난도 받게 하려 하심이라.” 빌 1:29), 오히려 제자들의 고통 가운데 생명을 주시는 하나님의 힘이 계시된다.

사도 바울은 적대자가 공격하는 바로 그 ‘약함’이 ‘그리스도와 함께 있음’을 증명해 주며 제자 됨의 표징임을 선언한다. 그것은 곧 그리스도의 고통과 교제하는 것이다. 인간의 ‘약함’은 하나님의 ‘능력’이 임하는 장소다. 따라서 사도 바울은 자신의 ‘약함’을 자랑하며 하나님의 능력은 인간의 ‘약함’에서 완성된다는 은혜의 역설을 주장한다.

누가복음 6장 20절에서 예수께서는 “가난한 자는 복이 있다.”고 선언하신다. 왜냐하면 “하나님 나라가 그들의 것”이기 때문이다. 예수의 축복의 이 말씀은 지금, 현재 배고프고 고통받는 ‘약한 자들’을 자신 앞에 불러 세운다. 가난한 자, 우는 자들은 세상으로부터는 아무것도 이룰 수 없고 바랄 수 없는 자들이다. 그들은 세상으로부터 내몰린 자들로서 세상의 체제에 어울리지 않고 세상의 경계선 밖으로 밀려난 자들이다.

그들은 세상에서 오는 위로는 어느 것도 소유할 수 없는 자들이기 때문에 하나님께 맡겨진 자들이다. 그들은 모든 것을 하나님으로부터 바란다. 그들은 오로지 하나님의 은혜만을 기대할 수 있다. '약한 자', '가난한 자'는 하나님 앞에서 자기 자신을 주장할 수 없는 자다. 예수께서는 자신들의 한계를 알며 그러한 앎을 자신들의 행동에서 실현시키는 겸손한 자들, 경외하는 자들에게 축복을 선언하신다.

물론 여기에서 인간 실존의 한계 상황을 찬양하는 것은 아니다. 삶의 한계점에 내몰린 자들을 기다리고 있는 것은 하나님이시다. 그분은 기다리실 뿐 아니라 다가오시는 분이다. 가난한 자는 따라서 자신의 한계를 알며 자신의 절망적인 상황과 대조적으로 하나님의 통치에 대한 희망의 재산을 약속받는다. 그래서 마대복음의 산상 설교나 누가복음의 평지 설교는 고통받는 자들에게 미리 선사되는 축복의 말씀이다. 오만하지 않고 자신을 약한 자로 여기는 자들에게 구원이 사건이 되어 현실이 된다. 하나님의 약속은 물질적, 육적 약함의 단계에 끝을 고하고 그의 능력에 의해 새로운 차원의 세계를 열어 준다. 우리의 약함의 끝에 하나님의 강함이 이어져 있다. 이러한 은혜 안에 있는 자들은 이미 구원 안에 있다.

4) 기준의 변화

사도 바울은 고린도전서 1장 18~31절에서 하나님의 지혜가 유대인에게는 거리끼는 것으로 보이고 이방인에게는 미련한 것으로 보인다고 말하고 있다. 이 말은 유대인이든 헬라인이든 세상은 모두 자신들이 만든 잣대로 하나님을 알려고 하고 규정하려고 한다는 의미다. 그러나 그리스도의 십자가는 세상의 기준에 의해 잴 때 헤아려지지 않고 어리석은 것으로 나타난다.

인간의 지혜가 포기되는 그 자리에 비로소 하나님의 지혜가 드러난다. 하나님의 지혜는 인간이 하나님 앞에서 어리석어질 때 비로소 은혜로 주어지는 것이다. 이 말은 어리석음을 찬양하자는 말이 아니다. 오히려 가장 철저하게 약한 자로 돌아가신 예수 그리스도의 십자가 사건은 하나님의 능력이 드러나는 강함의 역설이 되었다는 것이다.

"너희 안에 이 마음을 품으라 곧 그리스도 예수의 마음이니 그는 근본 하나님의 본체시나 하나님과 동등됨을 취할 것으로 여기지 아니하시고 오히려 자기를 비워 종의 형체를 가지사 사람들과 같이 되셨고 사람의 모양으로 나타나사 자기를 낮추시고 죽기까지 복종하셨으니 곧 십자가에 죽으심이라(빌 2:5~8)." 이 그리스도 찬양문은 예수 그리스도의 사건을 집약적으로 보여 주고 있다. 사도 바울은 '자신을 비워 종이 되고 낮추시고 죽으신' 그리스도를 얻기 위하여 자신이 가진 모든 것을 버렸노라고 고백한다.

세상은 강해지고 높아지고 더 많은 것을 소유하라고 부추긴다. 우리의 삶의 현장은 승리한 자만이 살아남고 강한 자만이 살아남는 동물의 세계다. 그러나 예수 그리스도의 십자가는 이러한 논리의 끝을 가져왔다. '너를 죽이고 내가 살겠다'는 세상의 강자 논리에 '내가 죽을 테니 네가 살라'는 기준의 변화를 가져온 사건이다. 경쟁과 투쟁의 역사에 하나님께서는 그리스도의 십자가를 통해 새로운 역사를 창출하셨다. 그것은 바로 삶의 원형이 되는 십자가가 기준이 되는 삶이다.

사도 바울은 자신의 삶의 전 과정을 예수 그리스도의 종이라고 규정하면서 그리스도의 '비움'과 '낮춤'과 '종'이 된 사건에 참여하고 있다. 그러한 동참의 사건을 그는 '그리스도의 은혜에 동참'하는 것으로 표현한다(빌 1:7).

그리스도의 십자가의 은혜는 약함 가운데에서 완성된다는 사도의 가르침은 오늘날 잘못 이해된 영성을 새롭게 이해하게 한다. 그리스도의 영성을 흔히 인간의 정서적이며 감정적인 흐름으로 잘못 이해하고 개개인의 내면생활이나 기도의 경험 같은 것으로 축소시키는 경향이 있다. 그러나 사도 바울은 자신의 삶을 철저하게 그리스도의 영성을 본받아 십자가의 삶으로 실현시킨다. 사도 바울이 이 시대에 우리에게 전하는 말은 끝없이 치솟는 성장과 발전의 논리에 의해 강한 것만이 살아남는 경쟁 사회에서 십자가에 죽기까지 복종하신 이타적 삶의 원형을 본받아 십자가와 합하는 삶을 살 것을 가르치고 있다.

사도 바울의 삶 자체는 철저하게 그리스도의 고난을 현재화하는 것이다. 그가 받는 고난과 환난은 그리스도인 됨을 드러내 주는 표징이며 그리스도와 함께 죽고 다시 사는 것이 무엇인가를 보여 주고 있다. 복음을 전하는 것은 언젠가 나중에 주어질 보수를 담보로 하여 열심히 추구하는 어떤 선한 행위가 아니다. 오히려 그렇게 하지 않으면 자신의 존재 가치가 상실되는 바로 그러한 삶을 의미한다. 그렇기 때문에 사도 바울이 당하는 고난은 그리스도의 죽음을 현실이 되게 하는 것이다.

그리스도의 십자가는 복음이 선포될 때에 현재화하기 때문에 그는 자신이 '몸에 예수의 흔적을 지닌 자(갈 6:17)'로서 날마다의 수고와 고통에서 벗어나지 않는다고 고백하고 있다. 오히려 그 고난을 그리스도 안에서 자랑할 수 있는 것이다. 그는 자랑스럽게 자신의 권리를 행사하지 않고 그리스도의 낮춤과 고통에 동참하였음을 고백한다. 하나님의 능력은 복음을 위해 고난 가운데에 굳게 설 수 있는 능력, 고통 가운데 약함을 자랑할 수 있게 하는 능력이기 때문이다.

사도 바울은 희생과 고난 없이 부활만을 기대하는, 그래서 구원을 이미 보장받은 것으로 생각하며 안전하게 살아가는 자들에 대해서 권고하고 있다. 이 세상에 고통이 존재하는 한 그것은 그리스도의 고통이며, 그리스도의 고통은 그리스도인의 고통이기 때문이다. 그리스도가 인간의 죄를 자신의 것으로 받아들였듯이 그리스도인이 된다는 것은 약자의 고통을 나의 고통으로 받아들이는 것이다.

사도 바울은 현대를 살아가는 우리에게 그리스도께서 낮추시고 죽기까지 복종하셨고 그를 본받는 자신 역시 만물의 찌끼같이 되었다고 고백한다. 예수 그리스도의 마음을 품는다는 것은 세상을 위해 돌아가신 그리스도를 닮는다는 말이다.

자신을 비우고 낮추시고 종이 되신 그리스도의 원형적 삶을 본받는 것, 그것은 '약함'에서 역사하시는 하나님의 은혜에 참여하는 것이다. 그 은혜에 참여한 자는 '복이 있다'고 오늘도 예수께서는 말씀하신다.

5) 자유롭게 하는 믿음

고린도전서 9장을 사도는 개인적인 고백으로 시작하고 있다. 9장은 우선 1~18절 및 19~27절 두 부분으로 구분해 볼 수 있다. 1절부터 짧은 의문문 네 개가 반복되어 강한 어조를 보이고 있다. 첫 번째 의문문인 '내가 자유인이 아니냐'는 물음에 9장의 주제가 들어 있다. 적대자들이 그의 사도직에 대해 이의를 제기하면서 들고 나온 이유들 가운데 하나는 사도 바울이 자신의 생계를 스스로 직접 해결한다는 것이었다. 그는 사도로서의 특권을 포기했는데, 그것이 사도의 부족함을 스스로 인정한다는 논리다. 이러한 공격에 대해서 사도 바울은 자신이 복음을 위해 어떻게 하며 그에 따르는 권리를 쓰지 않는 이유를 제시하고 있다. 이어서 19절 이하에서 복음을 위해 자신이 가지고 있는 권리를 어떻게 포기했는가를 선교의 입장에서 해석하며 자기 자신에 대한 문제를 피력하고 있다.

사도 바울은 9장 1절에서부터 강하게 반어적으로 '내가 자유인이 아니냐, 내가 사도가 아니냐, 내가 …… 할 권리가 없느냐.'고 반문하고 있다. 지금까지 사도 바울의 삶은 '만물의 찌끼'와 같은 삶이었고(고전 4장) 그것은 곧 그가 그리스도를 본받았기 때문이다. 사도는 그리스도를 본받는 그를 교인들이 본받기를 원한다(고전 4:16; 11:1). 그가 만물의 찌끼와 같은 삶을 사는 것은 다른 사람들처럼 누리면서 살 수 있는 권리가 없기 때문인가? 사도 바울은 단호하게 아니라고 말하고 있다. 자신도 복음을 전하는 다른 사도나 사역자들처럼 자매된 아내를 데리고 다닐 권리도 있고 교인들로부터 생활비를 받을 수도 있다고 한다.

그러나 그는 이 모든 것을 복음을 전하는 데에 장애가 될까 봐 포기한다고 말하고 있다. 사도는 분명하게 그가 당하는 모든 고난과 그가 모든 권리를 포기하는 것, 그럴 수 있는 것 자체가 자신이 받은 상이라고 말하고 있다(고전 9:18). 사도에게 있어서 복음을 전하는 것은 그의 삶 자체며, 복음을 전하는 그 일 자체가 바로 하나님의 구원 사업에 동참하는 일이다. 그의 사도직은 그리스도를 대신하는 직책이기 때문에(고후 5:20), 사도의 삶 자체는 십자가에 달린 자를 현재화하는 것이다. 복음을 전하는 것은 언젠가 주어질 보수를 담보로 하여 열심히 추구하는, 일상의 삶에 덧붙여진 어떤 부가적인 일이 아니다. 그것은 보수를 바라고 하는 어떤 선한 행위도 아니다. 그것은 그렇게 하지 않으면 자신의 존재 가치가 상실되는 바로 그러한 실존 그 자체다.

그리스도는 그의 선포 속에 현재하기 때문에 그는 자신의 몸에 예수의 흔적을 가진 자로서(갈 6:17) 나날의 고통에서 면제되지 않고, 오히려 그 고난을 주 안에서 그리스도인 됨의 표징으로 자랑할 수 있다. 자신이 누릴 수 있는 권리를 포기할 수 있는 자유, 이것이 그리스도인의 자유며 하나님께서 주신 축복이며 그리스도인이라는 특권을 가진 자만이 누릴 수 있는 것이다.

그래서 사도는 자신의 모든 것을 포기하고 약한 자에게는 약한 자가 되었음을 선언한다. 자신을 그리스도로 채운 자의 삶을 살기를 원하는 사도는 유대인에게는 유대인이 되고 이방인에게는 이방인이 되는, 자신을 비우는 자의 삶을 보여 주고 있다. 그는 자신이 모든 사람들에게서 자유로운 사람이지만 복음을 위하여 모든 사람에게 종이 되었다고 말하고 있다.

그러나 사도가 가장 우려하는 것은 자신이 복음을 전하고 오히려 그 복음으로부터 벗어나게 되는 것이다. 누구나 좋은 말을 할 수는 있다. 자신이 실천할 수도 없으면서 남에게 강요하는 자가 되지 않기 위해 사도는 바로 이러한 권리를 포기함으로써 자신을 쳐서 하나님께 복종케 한다. 포기할 수 없는 것을 포기할 수 있는 능력, 이것은 인간이 가질 수 있는 능력이 아니라 하나님께로부터 받은 축복이다.

그리스도인의 자유는 자신의 모든 권리를 포기할 수 있는 자유, 다시 말해 자기 자신조차도 포기할 수 있는 자유를 말한다. 이러한 자유는 소유할 수 있는 것이 아니라, 자유의 근원이 되는 분에 의해서 그때그때 은사로서만 주어질 뿐이다. 자유란 누구에게나 있지만 아무나 포기할 수 없는 권리를 하나님께서 주시는 성령 안에서 예수처럼 포기할 수 있는 그 자유, 그것이 바로 그리스도인이 지향해 가는 방향이다.

우리는 언제나 자신의 권리가 침해당하는 것에는 핏대를 세우지만 남의 권리를 침해하는 것에 대해서는 관대하다. 남에게 대단한 일을 해주는 것처럼 생색을 내지만 그 대단한 일이 상대방에게는 사소한 것이라는 사실을 명심해야 한다. 그래서 왼손이 해 준 일을 오른손은 잊어야 한다. 자유는 왼손의 공적을 오른손이 모르는 것을 의미한다. 왼손이 한 선한 일을 우리는 우리의 업적으로 내세우지 말고 오른손은 벌써 그 일을 잊어야 한다. 그러나 우리는 왼손이 하면 오른손은커녕 온몸이 안다.

자유는 자신을 드러내고 싶은 욕망에 사로잡힌 자기 자신으로부터의 자유다. 그때에 내가 그리스도 안에, 내 안에 그리스도께서 함께하신다. 그래서 그리스도는 자유롭게 하시며 그리스도인들은 자유로운 자들이다.

4. 빛의 문서로서의 요한 문헌들

1) 빛으로서의 계시자

요한복음서는 그리스도교 역사상 가장 중요한 문헌 가운데 하나로 이해되어 왔다. 그러나 중요하기 때문에 또한 이해하기 어려운 부분들도 많이 있고 동시에 중요한 만큼 제대로 이해되지 않는 부분들도 있다. 요한복음은 처음부터 시종일관 계시의 의미와 본질에 대해서 말하고 있다.

말씀이 태초부터 계셨고 그 말씀은 생명이고 그 생명은 빛이라고 말씀하신다. 곧 말씀이 빛이라는 것이다. "그 안에 생명이 있었으니 이 생명은 사람들의 빛이라 빛이 어둠에 비치되 어둠이 깨닫지 못하더라(요 1:4~5)." 여기에서 주목할 것은 무엇보다 "깨닫지 못하더라"다. 이후 요한복음에서 계속적으로 흐르는 주제는 바로 이 '깨닫지 못한다'는 말씀이다. 빛은 보게 해 주는 것이다. 로고스는 빛이고 빛은 보게 해 준다. 무엇을 보게 해 준다는 것인가? 그것은 보이지 않는 것을 보게 해 준다는 것이다. 보이지 않는 것을 보는 것, 들리지 않는 소리를 듣는 것, 그것이 바로 요한복음이 말하고자 하는 중심 세계다.

"그가 세상에 계셨으며 세상은 그로 말미암아 지은 바 되었으되 세상이 그를 알지 못하였다(요 1:10)." 세상과 참 빛이 대립된다. 여기에서 중요한 점은 계시의 이질성과 계시의 역동성이다. 안다고 하는데 모른다는 사실, 더 나아가 알면 알수록 더욱 모른다는 사실을 말해 주고 있다.

빛은 보게 하는 것이며 그래서 빛은 인간들로 하여금 볼 수 있는 가능성을 제공한다는 것이다. 로고스, 즉 말씀은 피조물들에게 빛으로 작용하는데 결국 피조물이 볼 수 있게 된다는 것을 말해 주고 있다. 이 볼 수 있다는 것은 인간의 자기 이해와 연결되어 있다. 즉 인간은 볼 수 있게 되고 이 볼 수 있다는 것은 자기 자신을 본다는 것, 자신이 무엇인가 하는 현존재를 깨닫는 것이다. 자신의 현존재에 대한 이해는 자신이 바로 피조물이라는 사실, 즉 자신의 근원에 대해서 깨닫는 것이다. 그렇게 될 때에 피조물로서의 인간 존재가 드러나며 창조주 하나님에 대한 깨달음이 있게 되는 것이다. 결국 그리스도의 구원 사건은 인간들로 하여금 자신의 피조성을 깨달아 알게 함으로써 창조주 하나님을 경외하게 하는 데 그 의미가 있음을 말해 주고 있다.

세상은 빛을 모르기 때문에 세상은 세상 자체를 모른다. 세례 요한은 예수를 가리켜 '너희가 알지 못하는 자'라고 증언하고 있다. 하나님의 계시는 믿지 않는 사들에세는 '알지 못하는 것'이다. 이 '알지 못함'은 강한 이질적인 낯설음을 의미한다. 하나님의 계시는 인간들에게는 이질적이며 낯선 것이다.

요한복음서가 다른 세 복음서와는 확연히 두드러지게 강조하는 내용이 있다. 그것은 예수께서 하시는 말씀과 그것을 듣는 자들이 받아들이는 내용이 같은 개념어를 다르게 이해한다는 것이다. 예수께서 만나서 대화할 때 대부분의 사람들은 세속어의 틀 안에서 생명이라든가, 거듭남이라든가, 양식 등을 이해한다. 니고데모와 사마리아 여인 그리고 제자들까지도 예수께서 말씀하시는 그 언어를 현실에서 보이는 것, 현실의 삶을 위해 유용하고 풍요롭게 하는 것들이라는 범주 안에서 이해한다.

그러나 예수께서는 이렇게 이해하게 되면 근본적인 이해가 아니라고 말씀하신다. 예수께서 말씀하실 때 생명은 육체적 생명을 뛰어넘는다. 그래서 예수께서는 생명을 준다고 생각하는 양식을 물질적 개념을 뛰어넘어 "나의 양식은 나를 보내신 이의 뜻을 행하며 그의 일을 온전히 이루는 이것이니라."고 말씀하신다.

이러한 이해의 차이는 여러 곳에서 등장하는데 요한복음서 전체에는 '아는 것'과 '모르는 것', '빛'과 '어두움', '생명'과 '죽음'의 대립이 강조되어 있다. 예수께서는 인간들이 본질적으로 추구해야 하는 것은 하나님의 일과 그 뜻을 행하는 것이라고 말씀하신다. 그런 의미에서 계시자는 이러한 사실들을 깨우쳐 주시고 알게 하시며 보게 해 주시는 분이다. 이것이 바로 '하나님의 형상'으로 만들어진 자가 그것을 알지 못하고 세상 속에서 부유하는 것에 대해 요한복음서는 '하나님의 형상'을 회복할 것을 다양하게 설명한다.

보이는 것을 가치 있게 해 주는 것은 오히려 보이지 않는 것이다. 보이는 것, 물질적인 것을 추구하는 삶에서 보이지 않는 의미의 세계, 본질의 세계를 보는 눈을 뜨게 해 주는 자가 계시자다. 그래서 예수께서는 보게 해 주시는 빛인 것이다.

하나님과의 교제는 보이지 않는 것이다. 그 보이지 않는 교제가 일상의 삶 속에서 구체화되면 그것이 곧 사랑의 교제다. 그리스도의 사랑 안에 있는 자는 그리스도 안에 있고 하나님 안에 있는 자다. 그리스도의 사랑 안에 붙잡힐 때 보이지 않는 것들이 보이기 시작하고 들리지 않는 소리가 들리기 시작한다. 계시자는 보이는 세계, 물질적 세계 이면에 진정으로 가치 있는 것, 만져지지도 않고 가질 수는 없지만 본질적 의미의 세계가 있다는 사실을 느끼고 보게 해 주며, 보이는 세계보다 더 큰 보이지 않는 세계를 향해 눈을 뜨게 해 주며, 빛의 세계로 나아가게 해 준다는 사실을 요한복음서는 말한다. 계시자로서 예수의 역할이 바로 목회자의 사명과 결부된다.

인간은 계시자를 만남으로 인해 인간 자신의 현존재 상황이 밝히 드러난다. 계시자와 만났을 때 인간은 투명해지며 인간 자신이 투명해질 때 보이지 않는 하나님이 보인다. 특별히 요한복음 9장 1~14절은 소경 치유에 대해 이야기하고 있다. 이 이야기에서도 역시 중요한 '봄'이라는 주제가 등장한다. 유대인들뿐만 아니라 대부분의 옛날 사람들은 인간들에게 일어나는 고통과 병약함 등과 같은 질곡은 부모나 조상의 죄로 인한 것이라는 일반화된 생각을 갖고 있었다.

그러나 예수께서는 죄와 벌의 이 상관관계를 파기하시며 '하나님의 일'의 차원을 열어 보이신다. 계시자는 소경되었던 인간을 보게 한다. 그러나 인간들은 이러한 사실을 깨닫지 못하고 자신들이 '보고 있다'고 생각한다. 그래서 예수께서는 "너희가 맹인이 되었더라면 죄가 없으려니와 본다고 하니 너희 죄가 그대로 있느니라(요 9:41)."고 말씀하신다.

따라서 우리가 보는 것, 그것이 모두가 아니라는 사실, 그래서 우리는 진정으로 보아야 할 것은 보지 못하는 자들이라는 사실이 드러나며 계시자는 바로 이러한 본질적 의미의 세계, 보이지 않는 것을 보게 해 주는 자임을 증언해 주고 있다.

하나님의 사랑은 계시자를 통해서만 만날 수 있다. 믿음의 눈을 가지지 못한 세상과 믿음의 눈을 가진 제자들이 비교되면서 제자들은 부활한 예수를 볼 수 있게 된다는 약속을 듣는다.

2) 생명의 지속성

요한복음서의 후반부인 14장 이후에는 예수께서 제자들에게 이별하시며 당부하시는 말씀이 길게 이어져 있다. 그리고 자신을 따르는 삶 전체를 사랑이라고 압축하고 있다. 이 사랑 안에 거하면 그의 제자가 된다는 약속의 말씀이 주어진다. 사랑의 문제는 이어서 지속성의 문제로 연결된다.

요한일서 1장은 하나님은 빛이시고 어두움이 없으시며 우리가 그 빛 가운데 행하면 우리를 모든 죄에서 깨끗하게 하실 것이라고 말하고 있다. 하나님께서 사랑하신 것처럼 우리도 그렇게 사랑해야 한다는 것이다. 요한일서는 새 계명에 대해서 말하고 있는데 그 새 계명을 사랑으로 종합한다. "이는 어둠이 지나가고 참빛이 벌써 비침이니라 빛 가운데 있다 하면서 그 형제를 미워하는 자는 지금까지 어둠에 있는 자요 그의 형제를 사랑하는 자는 빛 가운데 거하여 자기 속에 거리낌이 없다(요일 2:8~10)." 빛이신 하나님과의 사귐 안에서 사랑은 끊임없이 지속되어야 한다. 지속되지 않는 사랑은 사랑이 아니다. "사랑은 하나님께 속한 것이니 사랑하는 자마다 하나님으로부터 나서 하나님을 안다(요일 4:7)."

'나의 사랑 안에 거하라'는 예수님의 말씀처럼 사랑은 일시적인 것이 아니라 지속적인 것이다. 만일 사랑이 계속해서 자라나지 않으면 이미 식고 있는 것이다. 그 사랑 안에 거한다는 지속성이야말로 하나님의 선물로서만 가능해진다. 이 지속성을 깨는 것이 세상에 대한 사랑이다. "이 세상이나 세상에 있는 것들을 사랑하지 말라 누구든지 세상을 사랑하면 아버지의 사랑이 그 안에 있지 아니하니(요일 2:15).”라고 말하고 있다.

요한 서신들이 쓰일 당시 여러 그리스도교 공동체가 심각한 위험에 처하게 된다. 물론 어느 시대에나 위기가 없었던 적은 없었지만 이 시기에 그리스도교 공동체 내에 복음의 순수성을 훼손시키는 ‘그리스도의 적(요일 2:18, 22; 4:3; 요이 1:7)’, ‘거짓 예언자(요일 4:1)’, ‘거짓말쟁이(요일 2:22)’, ‘속이는 자(요이 1:7)’ 등이 등장하며, 그들은 이 세상에 속한 자들로서 사람을 속이는 영을 따라 행동하는 자들이며 얼마 전까지도 이 공동체의 일원이었다(요일 2:19). 이들의 잘못은 영지주의적인 신비주의에 빠져 자신들은 죄가 없다고 주장하며(요일 1:8) 형제애를 실천하는 데 전혀 관심을 두지 않는다는 점에 있었다(요일 2:9). 서신들은 이들과 논쟁을 하려는 목적으로 글을 쓴 것이 아니고 이들을 조심하며 하나님과 바른 친교를 지속할 것을 권하고 있다.

그래서 요한일서는 지속적인 하나님과의 친교, 즉 사랑 안에서 아버지와 그 아들 예수 그리스도와 함께 나누는(요일 1:3) 친교가 형제들 사이에서 실천되어야 함을 전하고 있다. 직접적으로 서로 사랑하라는 계명(2:7~11)을 이야기하며 공동체의 일치와 단합을 말하고 있다. 하나님의 자녀의 특징은 ‘빛 가운데 살아간다’는 것, 그리고 ‘서로 교제하는 자’라는 것이다.

세상은 인간이 자기만족만을 채우는 일에 몰두하고 자신을 자랑하게 한다. 믿는 자들은 세상으로부터 오는 끊임없는 적대적 세력을 염두에 두어야 한다(3:1; 4:5). 이처럼 요한일서는 신앙의 본질은 하나님과의 관계에 있다고 말하고 있다. 구원받은 자들, 즉 자유를 얻은 자들에게 요구되는 유일한 것은 우선은 공동체 구성원들에 대한 지속적인 사랑의 실천이다.

하나님께서 세상을 사랑하셨지만 세상은 그 사랑을 알지 못한다. “우리는 형제를 사랑함으로 사망에서 옮겨 생명으로 들어간 줄을 알거니와 사랑하지 아니하는 자는 사망에 머물러 있느니라(요일 3:14).”고 말한다. “그의 계명은 이것이니 곧 그 아들 예수 그리스도의 이름을 믿고 그가 우리에게 주신 계명대로 서로 사랑할 것이니라 그의 계명을 지키는 자는 주 안에 거하고 주는 그의 안에 거하시나니 우리에게 주신 성령으로 말미암아 그가 우리 안에 거하시는 줄을 우리가 아느니라(요일 3:23~24).” “사랑하는 자들아 우리가 서로 사랑하자 사랑은 하나님께 속한 것이니 사랑하는 자마다 하나님으로부터 나서 하나님을 알고 사랑하지 아니하는 자는 하나님을 알지 못하나니 이는 하나님은 사랑이심이라(요일 4:7~8).”

그리스도께서 이루신 구원의 모든 역사는 사랑의 역사며 믿음을 통해 우리는 그 사랑을 알고 형제를 사랑함으로 인해 우리 안에서 실현되게 해야 한다. 형제애에는 어떤 목적이 있는 것이 아니라 하나님의 자녀로서 마땅히 해야 할 사랑(요일 5:2)이며 믿는 자들의 삶은 ‘진리와 사랑 안에 거하는 삶’이어야 한다.

그래서 요한복음서와 요한 서신들은 사랑을 구원의 은사로 보며 사랑의 현실화를 위한 사랑의 지속성을 강조한다. 그것을 도와주는 보혜사를 예수께서는 제자들과의 이별에서 약속하셨다.

3) 현재하는 구원

그리스도와의 만남은 그 자체가 구원이다. 그러나 우리의 신앙생활의 대부분은 ‘만남’은 일어나지 않고 ‘스쳐 지나가기’만 할 뿐이다. '만남'은 사건이 일어나며 변화가 일어나는 것이고 '스침'은 아무런 변화가 일어나지 않고 결과가 없는 것을 말한다.

요한복음 3장 1~17절에서는 거듭남과 영생에 관한 이야기가 나타난다. 영적으로 다시 난다는 개념은 엄밀한 의미에서 죽음에 대한 이해의 단초를 제공한다. 이 단락은 예수와 유대인 관원인 니고데모와의 대화 장면이다.

유대인을 대표하는 니고데모는 그리스도를 만남으로써 새로운 세계를 보게 된다. 그는 전통적인 척도를 가지고 합리적으로 생각하여 예수께 질문하고 있다. 니고데모는 예수를 단순히 자신을 능가하는 선생으로 보고 있다. 이에 대해 예수께서는 하나님 나라란 있는 그대로의 인간에게는 보이지 않는다는 사실을 말해 주신다. '다시 난다'는 말은 지금 자신이 속해 있는 근거가 아닌 새로운 근원에 소속하는 것을 의미하며 그것은 인간 스스로 할 수 있는 일이 아님을 말해 주고 있다.

예수께서는 '다시 난다'는 사실에 대해 '이상하게 여기지 말 것'을 당부한다. '영적으로 다시 난다'는 사실은 육적인 인간에게는 수수께끼며 세상의 눈에는 숨겨져 있다. 니고데모는 이러한 가르침에 대해 '어떻게 이런 일이 일어날 수 있습니까?' 하고 묻는다. 계시의 비밀은 인간의 관찰과 사유 영역에서 일어날 수 없는 것이므로 성령에 의해 믿음으로 다가갈 수 있는 것이다.

'거듭나지 않으면 하나님 나라를 볼 수 없다.'라는 예수님의 가르침에 대해 니고데모는 거듭남 자체를 이해하지 못한다. '모태에서 다시 나야 하느냐?'는 물음은 니고데모만의 물음이 아니다. 이러한 물음은 하나님의 계시에 직면하여 보여 주는 모든 인간의 반응이다.

니고데모는 거듭남이라는 말에서도 그 말 자체를 물질적, 현상적인 사건으로 이해한다. 그러나 예수께서는 물질적 사건이 아닌 전적으로 다른 차원의 본질적 의미를 제시해 주고 있다. 우리는 믿음이라는 것을 너무 물질적으로, 물리적인 것으로 환산해 버리는 경향이 있다. 보이는 것, 손에 잡히는 것이 모든 것이 아니라는 사실을 인정하면서도 실제 현실 생활에서 그리스도인들을 붙들고 있는 것은 이러한 물질적인 요소들이다. 인간은 자신의 지상적 출생에 따라 육의 영역에 속한다. 그러나 거듭남이란 바로 새로운 영의 근원에 소속되는 것을 의미하며 이러한 사건은 인간 스스로의 힘에 의해 이루어지는 것이 아니라 전적으로 위에서부터 오는 하나님의 은혜에 의해 이루어지는 사건이다.

육은 물질의 한계 안에 갇혀 삶과 죽음의 지배를 받는다. 그러나 그것이 인간의 본래성은 아니다. 영은 본래적인 것이며 본질적인 것이다. 따라서 영에 속한다 함은 무상한 육의 죽음을 극복하고 본질적인 삶을 사는 것을 의미한다. 본질적인 삶이란 하나님에게 소속되는 삶을 의미한다.

사마리아 여인이 예수께로부터 마술적인 물, 계속 샘솟는 물을 기대한다면 인간들은 계시자에게 자신들의 생활을 편리하게 해 주고 이익을 주는 존재이기를 기대한다. 그러나 하나님께서 선사하시는 것은 생활에 이로운 것, 물질적인 것 이상이라는 사실을 인간들은 모르고 있다. 이러한 사실을 가장 적절하게 나타내 주는 사건이 바로 양식에 관한 제자들과의 대화다.

예수께서 사마리아 여인과 이야기를 나누고 있는 동안 제자들은 동네에 내려가서 먹을 것을 가지고 왔다(요 4:31~42). 그러고는 "랍비여 잡수소서." 하고 말한다. 그러자 예수께서는 "내게는 너희가 알지 못하는 양식이 있느니라."고 말씀하신다. 이에 제자들이 서로 의아해하며 "누가 잡수실 것을 갖다 드렸는가." 한다. 그러자 예수께서는 "나의 양식은 나를 보내신 이의 뜻을 행하며 그의 일을 온전히 이루는 이것이니라."고 말씀하신다. 여기에서 제자들의 생각과 예수의 생각이 전적으로 차이가 남을 알 수 있다. 제자들이 관심을 두는 것은 먹는 것, 즉 눈에 보이는 바로 물질적인 것, 현실의 삶을 위해 유용한 것들이다.

그러나 예수께서는 삶을 위해서 필요하다고 생각하는 이것들이 절대적 가치를 지니는 것이 아니라는 사실을 말씀해 주고 계신다. 인간이 본질적으로 추구해야 하는 것은 일, 사명, 즉 하나님의 일과 뜻을 행하는 것이다. 예수께서는 여기에서 우리에게 보이는 것, 물질적인 것을 추구하는 삶에서 보이지 않는 의미의 세계, 본질의 세계, 영적 세계를 보는 눈을 뜨게 해 주고 있다.

계시자는 보이는 세계, 물질적 세계 이면에 신성으로 가치 있는 것, 만져지지도 않고 가질 수는 없지만 본질적 의미의 세계가 있다는 사실을 보게 해 주며, 보이는 세계보다 더 큰 보이지 않는 세계를 향해 눈을 뜨게 해 주며, 빛의 세계로 나아가게 해 준다는 사실이다. 생명과 죽음의 차원이 물질을 넘어서는 전혀 다른 세계의 내용을 갖고 있다는 사실이 여기에서 드러난다.

성서는 물존에 가려져 있는 본질의 세계의 문을 열어 주고 있다. 그래서 생명과 죽음에 대한 이해도 우리가 현상으로 겪고 보게 되는 생명이나 죽음이 아니라 물존의 세계를 극복해서 열리는 새로운 세계에 대해 말하고 있다. 이 새로운 세계는 예수 그리스도를 만남으로 인해 현재하는 구원의 세계다.

PART 4
신비의 책

죽음 앞에서 보게 되는 구원의 신비는

하나님의 절대 주권과 경이로움

그리고 기적으로 설명될 수 있는 하나님의 놀라운 권능이다.

1. 부활

인간이 가진 가장 근본적인 고민은 죽음과 생명이다. 죽음과 생명 그리고 부활에 관하여 성서는 많은 부분을 말하고 있다. 십자가와 부활에 관한 복음서들의 보도뿐 아니라 사도 바울 역시 부활에 관해서 여러 곳에서 구체적으로 말하고 있다. 부활은 죽음을 전제로 하기 때문에 죽음을 올바르게 이해해야 부활에 대한 올바른 이해가 가능해진다. 사도 바울은 고린도전서 15장 22~28절에서 하나님께서 "원수를 그 발 아래에 둘 때까지 반드시 왕 노릇 하시리니 맨 나중에 멸망 받을 원수는 사망이니라." 고 선언하며 하나님께서는 "만유의 주로서 만유 안에 계시려 하심이라."고 선포한다.

사도 바울은 고린도 교회 교인들이 죽은 자들의 부활이 없다는 외부에서 들어온 주장에 휘말려 몹시 난감해하고 있다는 사실을 알고 그들의 흔들림을 위로하기 위해서 이 문제를 다루고 있다(고전 15:12~19). 부활이 없다는 주장에 불안해하는 고린도 교인들에 대해서 그리스도의 부활을 근거로 사도 바울은 죽은 자들의 부활의 당위성을 제시하고 있다.

그리스도께서 부활하셨다면 그것에 근거를 둔 죽은 자들의 부활은 확실하다. 부활은 죽음이 끝이 아니라는 사실을 선언한 하나님의 사건이다. 죽음은 소멸이 아니라 존재 차원의 변화다. 죽은 이들의 부활이 그리스도의 부활과 더불어 시작되기 때문에 그리스도의 부활 다음에 죽은 이들의 부활이 따른다. 따라서 그리스도의 부활은 종말의 시작이다.

부활하신 주께서 믿는 자들에게 이미 와 계신다. 사도 바울에게 있어서 역사의 목표는 하나님이다. 종말은 하나님을 향한 것이다. 그리하여 하나님께서는 만유의 주로서, 모든 것 안에서 모든 것이 된다. 이것이 곧 역사의 완성이다. 사도 바울은 "나는 날마다 죽고 있다."고 말한다. 그리스도인의 삶은 날마다 그리스도 안에서 죽고 날마다 그리스도 안에서 살아나는 삶이다. 이 말은 죄로부터의 해방과 죽음으로부터의 승리며 결국 예수 그리스도를 통한 하나님의 구원 사건의 현실화임을 말해 준다. 삶과 죽음은 육체 안에 제한되지 않고 인간 존재는 육체의 한계를 벗어나 있다. 그래서 그리스도인이란 존재의 경이로움을 순수하게 바라보고 향유하는 자다.

죽음이 끝이 아니라는 말은 바로 죽음과 부활은 분리될 수 없다는 말이다. 그리스도의 죽음과 부활이 분리될 수 없는 것처럼 그리스도인들에게 있어서도 죽음과 부활은 분리될 수 없다. 우리를 죽일 수 있는 것은 우리가 볼 수 있는 포착 가능한 것이기 때문에 그 포착 가능한 것 바깥에 확장된 죽음 이해, 확장된 죽음 개념을 우리가 이해해야 한다.

죽음은 오히려 존재가 변하는 것이며 존재를 확장시키는 것이다. 육체적 죽음으로 나타나는 육이란 인간의 한 면으로서의 존재 양식이지만, 영은 물질을 넘어서는 그 무엇, 그래서 굳이 표현하자면 '피안적 신적 존재 양식'이다. 누군가가 지금 죽어 있다면 그것은 육체적인 죽음일 뿐 죽음은 우리를 죽이지 못한다. 그래서 죽음과 삶은 분리될 수 없고 죽음과 삶은 세상 사람들이 생각하듯이 서로 극단적 대립 개념이 아니다.

이스라엘 사람들은 죽음도 역시 하나님 안에서 일어나는 사건이기 때문에 삶과 죽음은 '하나님과 함께'하는 것으로 죽음은 '삶의 가장 약한 상태'라고 이해했다. 그 말은 인간은 죽음으로써 하나님께로 되돌아간다고 이해할 수 있다. 그런 의미에서 죽음은 새로운 창조와 완성으로 가는 길이며 그 중심에는 '하나님과 함께'라는 기본 신앙이 자리 잡고 있다. '죽음이 하나님과 함께'라는 전제로부터 이해되어야 한다면 당연히 죽음은 신비다. 죽음은 이 세상의 사유 체계로 이해할 수 없다는 의미에서 신비다.

'예수를 그리스도로 믿는다.'라는 말 자체는 육체의 끝인 죽음이 인간의 끝이 아니라는 말과 같다. 그래서 예수의 죽음과 부활은 예수의 역사성에서 그리스도로의 초극성이다. 그래서 예수가 그리스도임을 믿는다는 것은 역사 속 인간의 육체성으로서가 아니라 '나'라는 존재가 이 육체성을 극복한 그리스도와 합해진다는 뜻이다.

죽음은 육체성을 극복하고 다른 차원으로 옮겨가는 것을 의미한다. 그렇기 때문에 믿음이란 그리스도와의 합일이라는 신비의 세계로 들어가는 것, 그래서 그것은 창조주 하나님의 세력권 안에서 창조를 회복하는 사건이라고 성서는 말하고 있다. 사도 바울이 고백하는 '더 이상 그리스도를 육체대로 알지 않는다.'는 말이 같은 맥락에서 이해될 수 있다.

우리는 우리가 아는 세계의 크기로 죽음을 이야기하려고 한다. 우리가 날마다 실제로 겪게 되는 죽음은 우리가 아는 세계의 언어로 표현할 수밖에 없다. 그러나 죽음은 인간의 사유 구조로 이해하거나 파악할 수 있는 범주의 것이 아니기 때문에 우리는 죽음 앞에서 침묵할 수밖에 없다.

그런데 그리스도의 부활이 죽음을 극복하고 죽음을 무력화하며 무로 화하게 했다. 그래서 사도 바울은 빌립보서 1장 20절 이하에서 자신은 그리스도의 종으로서 "살든지 죽든지 내 몸에서 그리스도가 존귀하게 되게 하려 하나니 이는 내게 사는 것이 그리스도니 죽는 것도 유익함이라 그러나 만일 육신으로 사는 이것이 내 일의 열매일진대 무엇을 택해야 할는지 나는 알지 못하노라 내가 그 둘 사이에 끼었으니 차라리 세상을 떠나서 그리스도와 함께 있는 것이 훨씬 더 좋은 일이라 그렇게 하고 싶으나." 라고 말하고 있다. 이처럼 그리스도인이란 죽음의 세력을 그리스도의 사랑으로 끊어버린 자라는 정체성을 갖는다.

인간은 한계 안에 있는 존재다. 그래서 인간을 가장 잘 표현하는 개념이 '유한한 인간'이라는 표현이다. 유한한 인간은 어떤 경우에라도 반드시 죽는다. 인간의 시간은 무한히 확장될 수 없다. 생명의 시작에 대한 물음에 해답을 찾기 위해서 많은 과학자들이 노력하고 있지만 그들은 생명의 기원에 대해서 확실한 해답을 내놓지 못하고 있다. 그렇기 때문에 생명을 자연 과학의 대상으로만 볼 수 없다. 생명에 대한 물음은 자연 과학을 넘어서 바로 신앙의 차원으로 이해해야 한다. 생명의 기원을 창조주 하나님에게 둔다는 사실은 죽음 역시 창조주 하나님 안에서 일어나는 것으로 볼 수밖에 없다.

이상에서 본 것처럼 성서가 말하는 죽음은 이 세상의 잣대로 잴 수 없는, 인간 자신이 가진 기준으로는 판단할 수 없는 전혀 다른 세계의 내용을 갖는다. 그런 의미에서 사도 바울이 예수의 죽음을 지고 다니며 '날마다 죽노라'고 고백하는 그 삶은 예수의 생명이 나타나게 하기 위함이다. 이처럼 죽음 앞에서 보게 되는 구원의 신비는 하나님의 절대 주권과 경이로움 그리고 기적으로 설명될 수 있는 하나님의 놀라운 권능이다.

따라서 "만물이 주에게서 나오고 주로 말미암고 주에게로 돌아감이라(롬 11:36)."는 사도 바울의 이 찬양이 죽음에 대한 성서의 해답이라고 볼 수 있다. 죽음은 그런 의미에서 '그리스도와 함께'에서 그 해결책을 찾는다. 그렇기 때문에 죽음은 희망과 결부되고 하나님 안에서의 희망은 새로운 차원의 현실을 열어 준다. 그래서 그리스도인들은 죽음을 통해 소멸되지 않고 그리스도인들에게 있어서 죽음이란 새로운 차원의 존재를 향한 개방을 의미한다. 그런 의미에서 죽음은 인간의 시간에서 하나님의 시간으로 옮겨가는 새로운 창조를 의미한다. 그리스도인들의 죽음은 그리스도의 부활과 잇닿아 있고 그것은 곧 하나님 안에서의 새로운 창조, 창조성의 회복이다.

2. 완성으로 가는 도중

그리스도인의 영성 생활이란 여러 차원에서 설명될 수 있지만 그리스도의 마음을 갖는 것이라고 볼 수 있다. 그리스도의 마음에 대한 자세한 설명은 빌립보서 2장 5~8절에서 볼 수 있다. 믿는 자들은 그리스도 예수의 마음을 품는 자들이다. 그리스도는 '하나님의 본체'지만 하나님과 같게 여기지 아니하시고 '자기를 비워 종의 형체를 가지사' 육신이 되셨다. 그래서 '자기를 낮추시고 죽기까지 복종하시고' 십자가에 죽으셨다.

그리스도인의 영성이란 기본적으로 이러한 예수 그리스도의 마음을 갖는 것에서 시작된다. 그리스도의 마음은 개체적인 마음이 아니라 확장되고 통합된 열린 마음이다. 열린 마음인 이 예수의 마음과 합해시면 우리는 우리 자신 속에 감추어진 또 다른 큰 힘을 얻게 된다.

예수 그리스도의 마음을 품은 자는 자신의 육적 이기심에서 해방된 자다. 그리스도의 마음을 품은 자는 그리스도의 사랑을 경험하고 그 사랑을 전하는 자가 된다. 더 나아가서 이것은 '나'라는 개체로서만 존재하는 것이 아니라 다른 큰 힘과 합해지는 것이다. 이것을 주술적으로 잘못 이해하면 전혀 다른 저급한 어떤 것이 된다. 그러나 '나'는 '나'면서 동시에 그리스도와 합해진 존재로 확대되는 것이다. 개체 존재로서의 '나'는 언제나 '나'의 한계 안에 사로잡혀 있고 시공간적으로 제한된 존재다.

그러나 그리스도의 마음과 합해진 '나'는 그리스도의 도구가 되며 그리스도와 합해진 '나'는 그리스도로부터 힘을 공급받는다. 그래서 그 '나'의 능력은 그만큼 확장된다. 그리스도께서 나를 주관하시고 그분의 능력에 합해진 나, 그분의 마음을 품으면 나 자신, 즉 개인의식이 느끼는 고통이라든가, 분노, 욕망 등과 같은 것들이 사라지게 된다. 역지사지라는 말이 있다. 이 말은 상대편 입장에서 생각해 보라는 뜻인데, 신학적으로 표현하면 약한 자의 마음과 합해지는 것이다.

우리는 그리스도의 마음을 가져 내게 능력 주시는 자 안에서 모든 것을 할 수 있도록 은혜 받은 존재다(빌 4:13). 그러나 현실적으로 봤을 때 우리 믿는 자들도 이미 현실에서, 세상이 요구하는 것이 무엇이며 어떻게 하면 세상에서 잘살 수 있는가라는 문제에 해답을 가지고 있다. 우리는 이미 세상에서 잘사는 방법을 터득하고 있기 때문에 나의 믿음은 오히려 믿지 않는 자들보다 더 많은 세상의 것들을 가지기 위한, 그래서 세상에서의 성공을 보장받는 어떤 힘으로 이해하려 한다.

그래서 우리는 인격적 성숙보다는 더 많은 세상이 요구하는 스펙이 필요하고 정신적 유대감과 같은 영적 세계에 대해서는 우리 자신들을 너무 일찍 닫아 버린다. 왜냐하면 무엇이 세상적 성공인지 이미 다 안다고 생각하기 때문이다. 이것을 자신의 성숙을 조기 완결시켰다고 말한다. 무한한 의미의 세계를 향한 자신의 미래에 문을 닫아 버리는 것, 이렇게 미리 해 버리는 '자기완결'은 오히려 하나님 앞에서 자신의 성장을 포기하는 것이다. 우리는 너무 쉽게 그리스도의 마음을 버리고 자신이 생각한 세상의 성공을 향해 그리스도께서 도와주실 것을 요구한다.

마가복음 10장 17~22절의 말씀은 우리에게 우리가 닫아 버린 우리의 한계를 극복하게 해 주신다. 재물이 많은 사람이 예수께 나아와 묻는다. 그는 예수께 "선한 선생님이여 내가 무엇을 하여야 영생을 얻으리이까." 하고 묻는다. 예수께서 그에게 대답하시길 "네가 어찌하여 나를 선하다 일컫느냐 하나님 한 분 외에는 선한 이가 없느니라."고 말씀하시며 이어서 예수께서는 계명에 대해 이야기하신다. 그 사람은 "선생님이여 이것은 내가 어려서부터 다 지켰나이다."라고 말한다. 이에 예수께서는 그를 사랑하시며 하시는 말씀이 "네게 아직도 한 가지 부족한 것이 있으니 가서 네게 있는 것을 다 팔아 가난한 자들에게 주라 …… 그리고 와서 나를 따르라."고 말씀하신다. 그러나 "그 사람은 재물이 많은 고로 이 말씀으로 인하여 슬픈 기색을 띠고 근심하며 가니라(막 10:22)."고 하며 이 이야기가 마무리된다.

위의 말씀은 흔히 이렇게 이해하기 쉽다. 영생을 얻으려면 자신이 가진 것을 모두 팔아서 가난한 자들을 돌보거나 복지재단에 넣고 예수를 따라야 한다. 그러나 우리는 현재의 삶을 완전히 해체시키는 예수의 이 말씀을 따를 수가 없다. 겉으로는 말씀대로 산다고 하면서도 성서의 말씀을 하나도 지키기가 어렵다. 간혹 어쩌다 한두 사람이 이 말씀을 흉내 내고 있을 뿐 우리는 이 말씀대로 살 자신이 없다.

그러나 만일 우리가 그렇게 생각해서 이 말씀을 지킬 수 없는 말씀이라고 생각하면 아주 큰 오해를 하는 것이다. 예수의 이 말씀은 인간이 현재 몰두하고 있는 삶의 방식을 바꾸라는 선언이다. 이 말씀의 진정한 의미는 세상이 요구하는 것들과는 전적으로 다른 가치 체계가 하나님 안에 있다는 사실을 말해 준다. 지금 우리가 답이라고 알고 있고 전심전력 추구하고 있는 것, 그것 이상의 전혀 다른 세계가 하나님 안에 존재한다는 것이다.

현재 우리의 삶을 지배하고 있는 세상의 가치 기준대로 본다면 세상은 우리가 잘 팔릴 수 있는 상품이 되기를 원한다. 그러나 하나님께서는 '자신이 사랑하는 자'가 '자신을 사랑하는 자'가 되기를 원하신다. 하나님께서는 우리가 사회가 요구하는 규격에 맞는 '상품'이 아니라 하나님의 뜻에 맞는 '존귀한 인간'이기를 원하신다.

이처럼 성서의 모든 말씀들은 인간의 존귀함과 자존감을 회복하라는 하나님의 선언이시다. 그런 의미에서 '하나님의 형상'인 인간의 본질적 가치는 하나님과의 만남에서 드러나며 인간의 완성은 바로 그 본질 해명, 즉 본질과 마주서는 데서 성취된다는 것을 말해 준다. '모든 것을 다 안다. 더 이상 배울 것이 없다. 나는 이미 구원 받을 조건을 다 갖추었다.'고 생각하는 잘 믿는 우리에게 예수께서는 '아직 아니다. 너는 너의 존귀함을 더 찾아라. 너는 너 자신을 허접한 것들로 채우지 마라. 지금 너는 하나님께서 자신의 형상으로 만드신 너 자신을 찾아 너를 존중해라.'라고 말씀하고 계신다.

너무 일찍 답을 가지고 세상을 지혜롭게 사는 우리에게 그리스도께서는 지속적으로 하나님 앞에 자신을 닫아 버리지 말고 자신을 열어서 그분이 주시는 답을 기대하며, 꿈꾸며, 희망하며 끝없이 하나님을 향해 나아가기를 간절히 바라신다. 하나님을 향한 길은 무한하고 우리는 언제나 도달한 자가 아니라 그 도중에 있는 자들이다.

3. 교회의 역할

예수 그리스도의 구원 사건은 하나님의 용서를 현재 안으로 가져와서 죄인인 인간들이 용서를 체험할 수 있는 현실이 되게 했다. 그분을 그리스도로 믿는 교회는 하나님의 미래라는 절대적 미래, 역사의 목표에서부터 현재의 현실 정황을 정확하게 통찰하고, 그 속에서 육체적·정신적·경제적으로 고통당하는 약한 자들의 고통을 스스로 짊어지는 곳이다. 그래서 교회는 스스로 가난한 자, 심령이 가난한 자가 되려는 자들의 모임이다. 교회는 천국이 그들의 것이라는 사실을 체현시키는 곳이다.

스스로 가난해지라는 요청, 그것은 인류의 구원을 위해서 스스로 육신이 되시고, 낮아지시고 가난하게 되신 예수 그리스도의 삶에 그 이유를 갖고 있다. 그러한 자신의 삶을 따르라고 예수께서는 제자들에게 요구하신다. 이러한 삶이 바로 그리스도인과 교회가 지향해야 할 목표다. 물질적 가난이든, 영적 가난이든 자신이 가진 것이 없을 때에 인간은 투명하게 된다. 예수 그리스도는 바로 인간을 투명하게 하는 자다(요 4:16~19). 우리 자신이 투명해질 때에만 우리는 예수님을 만날 수 있고 우리 자신이 투명해질 때 그리스도와 합해질 수 있다.

이렇게 우리가 예수 그리스도와 만날 때, 그의 하나님 나라 선포에 직면할 때, 우리는 우리의 현실 정황을 보게 된다. 하나님이 통치하고 하나님의 이름이 거룩해지고 하나님의 주권이 세워지는 나라가 바로 예수께서 보여 주신 나라다. 이 나라에서 부당하게 취급되고 인간의 존엄성이 짓밟힐 때 그들의 울부짖음을 듣는 일이 그리스도인들의 사명이다. 하나님의 사랑에 붙들려 이웃을 사랑하지 않을 수 없는 자로서의 교회는 이 울부짖음을 외면할 수 없다. 이 나라를 살아내며 그 나라를 세우는 일이 바로 예수의 일이며 그 예수의 일이 바로 우리의 일이다.

교회가 사회를 정화시킬 수 있기 위해서는 교회가 스스로 가난해져야 한다. 힘을 가지고 사회 정의를 실현시킬 수 있다는 것은 불가능하다. 사회 정의는 힘으로 될 수 없고 인간의 내적 변화만이 사회를 정화시킬 수 있다. 교회가 이러한 자세를 취하지 않고 정화의 능력이 없을 경우 하나님의 일, 하나님의 의는 실현되지 않고 약한 자들의 고통은 더 심화된다. 불의에 시달리는 고난 받는 자의 울부짖음을 들으시는 하나님을 대행하는 자로서 교회는 자신의 목표를 재정립해야 할 시점에 서 있다.

우리는 자주 교회와 세상, 거룩과 세속이라는 틀을 만들어 교회를 경건한 폐쇄 공동체로 만든다. 교회와 세상은 당연히 구분되어야 하며 세상의 기준이 교회에 들어올 수 없다. 교회의 문턱을 세상의 것들이 넘어 들어올 때 교회가 세속화되고, 세속화된 교회는 또다시 세상의 논리의 지배를 받게 된다. 교회와 세상이 구분되어야 한다는 말뜻은 세상이 추구하는 성공 논리가 아니라 하나님의 사랑이 교회를 지배해야 한다는 뜻이다.

교회와 세상을 구분함으로 인해 자주 착각하는 문제 중의 하나가 교회에서의 예배는 잘 드리지만 일상의 삶은 세상 사람들보다 못한 경우다. 이 이중성은 십자가를 잘못 이해한 데서 생겨나는 오해다. 그리스도인의 경건과 경외심은 일상의 삶에서도 지속되어야 한다. 믿음과 삶은 분리되지 않는다. 그래서 예배가 일상으로 연장되어야 하지만 일상이 예배 안으로 들어올 수는 없다.

사도 바울은 고린도전서 1장에서 하나님의 지혜는 세상의 지혜와 다르다고 하면서 십자가는 세상의 논리가 아니라 철저하게 다른 하나님의 지혜라고 말한다. 그래서 교회는 바로 그리스도의 십자가를 척도로 삼아서 사는 자들의 모임이며 이것이 바로 일상의 삶에서도 실천되어야 한다고 고백한다. 그 말뜻은 바로 교회가 세상의 논리에 지배당하지 않아야 하며 오히려 세상이 십자가의 지혜를 따르도록 예배와 일상이 같은 경건함으로 살아나가야 한다는 사실을 선언한다.

하나님 나라는 미래의 희망으로 남아 있다. 그러나 하나님 나라를 미래의 희망으로 안고 살아가는 그리스도인들은 그리스도를 통하여 그 나라를 미리 맛보게 되었다. 교회의 사명은 하나님 나라의 실현을 현재에 이루는 것이다.

PART 5

'하나님의 형상'과 '하나님 나라'

'하나님의 형상'으로 만들어진 자가

가야 할 그 길이 바로 '하나님 나라'다.

구약성서와 신약성서는 하나님의 창조와 구원의 대서사시다. 두 문헌의 장대한 흐름은 사랑과 신뢰, 유대감으로 하나님의 구원 역사를 향해 흘러가고 있다. "하나님이 세상을 이처럼 사랑하사 독생자를 주셨으니(요 3:16)", 우리 그리스도인들도 이 사랑으로 세상을 사랑하는 일, 이 일을 위임받았다. 예수께서는 "아버지께서 이제까지 일하시니 나도 일한다."고 말씀하셨다. 따라서 그리스도께서 일하시니 우리도 일해야 한다는 것은 자명한 명제다. 예수께서 자발적으로 낮아지시고 비우시고 종이 되신 것을 따라, 사도 바울처럼 우리 그리스도인들도 성령의 도우심으로 그 길을 가도록 호출받은 자들이다.

구약성서와 신약성서는 분명하게 한 가지 사실에 집중하고 있다. 하나님의 뜻이 무엇인가를 알고 순종하는 것, 그래서 예수 그리스도를 통하여 하나님의 나라를 미리 선취해서 사는 것을 말해 준다. 성서는 세상의 나라와 하나님 나라는 분명히 다른 삶의 양식을 갖고 있다는 점을 말해 주고 있다. 세상이냐? 하나님이냐? 이 둘은 서로 양립할 수 없다. 우리는 이 두 방향의 물음에 대한 양자택일의 선택 앞에 서 있다.

신앙생활이란 하나님 나라의 공기를 마시는 것이다. 하나님 나라의 공기를 먹고 사는 자들은 굳이 말하지 않아도 옆에 있는 믿지 않는 사람들을 감동시킨다. 우리 그리스도인들은 믿지 않는 자들이 볼 때 '나도 저 사람들과 같은 공기를 마시고 싶다.'고 생각할 수 있어야 한다. 우리는 우리를 보고 '나도 저렇게 살고 싶다.'고 생각하도록 만들 수 있어야 한다. 그것이 바로 우리의 존재 이유고 그것이 바로 설 때 교회는 같이 살고 싶은 자들로 넘쳐날 것이다.

사랑을 전하는 사람, 사랑을 가르치는 사람들이 있다. 사랑을 하는 사람들이 있다. 그러나 스스로 사랑이 되는 사람이 있다. 사랑을 하기가 힘든 이유는 사랑과 나와의 거리감 때문이다. 성령의 도우심으로 우리 스스로를 사랑으로 채워서 우리 스스로 사랑이 될 때 사랑은 하기보다 하지 않기가 더 어려워진다. 그리스도인이란 그리스도의 사랑에 붙들려 스스로 사랑이 되어 '내가 하는 모든 것이 사랑'이 되는 것이다.

사도 바울께서는 빌립보서에서 디모데를 예로 들어 '자기 일'과 '그리스도 예수의 일'을 구분하신다. 여기에서 '자기 일'이라 할 때 대상은 모두 다 믿는 자들에 관한 이야기다. 그런데 잘 믿는 자들 중에서도 '자기 일'을 하는 사람과 '그리스도 예수의 일'을 하는 사람은 구분된다. 예수를 믿는다고 하지만 '자기의 일을 하는 자'가 있다. 이런 사람들을 우리는 '예수를 팔아서 사는 자'라고 말한다. 그들은 예수를 언제나 입에 달고 다니지만 그대로 살지는 않고 예수께서 하신 모든 도덕적 규범에 대해 자신은 제외시키고 남에게만 적용시킨다. 그래서 예수라는 존재를 자신의 삶을 풍요롭게 해 주는 자신을 도와주는 보조자같이 생각하는 자들을 말한다.

그러나 '그리스도 예수의 일을 하는 자'라 함은 스스로 예수가 사신 길을 따라 사는 사람을 말한다. 자신의 삶 속에서 십자가가 체현된다는 말이다. 이런 사람들을 일컬어 '예수하는 자'라고 말할 수 있다. 그리스도인은 예수를 파는 자와 예수하는 자, 두 부류로 구분된다. 엇비슷한 중간은 없다. 예수 그리스도를 고백하는 데 중립지대는 없다. 세상이냐, 하나님이냐? '나의 일'이냐, '하나님의 일'이냐? 언제나 양자택일이다. 중간은 없다.

복음을 전하는 사람이 있다. 복음을 가르치는 사람이 있다. 복음대로 사는 사람이 있다. 잘못하면 이 세 부류는 자신 따로 복음 따로 더 나아가 복음을 파는 사람이 되기 쉽다. 자신은 남에게 잘 가르치고 모범이 되는 것 같지만 자신은 그 복음과 무관하게 사는 경우가 많다. 그러나 스스로 복음이 되는 사람이 있다. 그럴 때에 그가 전하는 복음이, 그가 가르치는 복음이, 그가 보여 주는 복음이 살아 있는 복음이 될 수 있다. 그렇지 않으면 복음은 언제나 허황한 이론적 허구다.

세상이 아무리 경제 논리로 이루어져 있다 해도 세상에는 팔아서는 안 되는 것이 있다. 예수는 우리의 목표점이다. '예수하기'가 잘못되면 예수는 우리의 삶을 위한 수단이 되고 예수가 수단이 되면 우리는 예수를 파는 것이 된다.

회개라는 것은 도덕적 잘못을 말하는 것이 아니라 하나님을 향해 선다는 것, 세상을 향하지 않고 하나님을 향해 돌아선다는 것을 의미한다. 예수께서는 분명히 '가이사의 것'과 '하나님의 것'을 구분하셨다. '가이사의 것'을 사도 바울은 '배설물'로 버렸다고 말한다. 하나님의 것은 그가 얻은 그리스도다. 세상은 배를 위하지만 우리는 하늘을 위한다(빌 3:19~20).

그리스도를 얻기 위해 사도 바울은 모든 것을 배설물로 여기는 종의 삶으로 하나님 앞에 서 있다. 이 말씀은 2,000년 전에 그때 그들에게 하신 말씀으로 끝나지 않고 지금 이 순간 우리에게도 주시는 하나님의 말씀이다. 하나님께서 말 걸어오시는 지금 이 순간 '주님, 저는 주님의 종입니다. 저는 죽어도 좋고 살아도 좋습니다. 제가 그렇게 열렬히 갖고 싶어 했던 것, 온 생애를 거쳐 추구했던 모든 것들을 배설물로 여깁니다. 주여, 용서하옵소서. 제 뜻이 아닌 주님 뜻대로 하옵소서.'라는 응답을 하나님께서는 기다리고 계신다.

이 응답이 바로 하나님께서 기다리시는 응답이다. 영성이란 하나님의 부르심과 그 부르심에 대한 우리의 응답이다. 우리는 영성을 주술적인 어떤 기운으로 이해하곤 한다. 여기에서의 응답이란 말로 하는 것이 아니라 몸으로 산 제사를 드리듯이 우리의 의지, 삶 전체로 하는 것이다.

우리는 그리스도냐 세상이냐 양자택일 앞에 서 있다. 그리스도 안에 있다는 것은 세상의 것을 배설물로 여긴다는 것이다. 동쪽을 보면 서쪽을 보지 못한다. 둘 다를 보려면 한쪽도 보지 못하게 된다. 두 가지를 다 갖겠다는 것은 불가능하다. 이것은 우리 인간들 측에서 보면 굉장히 고통스러운 것이다. 세상에는 좋은 것들이 널려 있으며 큰소리치고 군림하고 많이 갖고 잘난 척하고 싶어서 나는 둘 다 모두 갖고 싶다. 그러나 성서는 말한다. 두 주인을 섬길 수 없듯 우리는 '하나님이냐, 세상이냐' 두 가지 갈림길에 서 있다. 만일 두 가지 모두를 가질 수 있다고 말한다면 그것은 변형된 복음이고 다른 복음이다.

정경은 다른 책과 다른 것이다. 성서는 단순한 책이 아니다. 그것은 그렇게 살겠다는 결심 없이는 한 글자도 이해할 수 없는 생명의 신비다. 우리의 인생이라는 것은 하나님의 사랑을 경험하고 그 사랑에 취해서 영원한 사랑과의 영원한 만남을 준비하기 위해 주어져 있는 약간의 시간이다.

신비의 책, 성서를 통해 지금 이 순간에도 말 걸어오시는 하나님의 말씀을 듣고 그분의 의지에 순종하며 하나님의 신비에 거하는 삶이 바로 그리스도인이 가야 할 길이다. '하나님의 형상'으로 만들어진 자가 가야 할 그 길이 바로 '하나님 나라'다.

예수 그리스도는 수단이 아니라 목표다.

신비의 책, 성서

발행일 2021년 1월 29일(초판 1쇄)
2024년 1월 8일(초판 2쇄)

지은이 황현숙
발행인 이 철
편집인 김정수
발행처 도서출판kmc

서울특별시 종로구 세종대로 149 감리회관 16층
(재)기독교대한감리회 도서출판kmc
전화 02-399-2008 팩스 02-399-2085
www.kmcpress.co.kr

디자인·인쇄 코람데오

ISBN 978-89-8430-853-4 93230

값 10,000원